欣梦享
ENJOY LIVING

孤身东可鹿空

啊古货仔啊 著

图书在版编目（CIP）数据

孤身亦可登昆仑 / 啊古货仔啊著. -- 南京：江苏凤凰文艺出版社, 2025. 1. -- ISBN 978-7-5594-9165-7

Ⅰ. K825.6

中国国家版本馆CIP数据核字第2024T61G12号

孤身亦可登昆仑

啊古货仔啊 著

责任编辑	王昕宁
特约编辑	孙一民
装帧设计	谷 雨
责任印制	杨 丹
特约监制	杨 琴
出版发行	江苏凤凰文艺出版社
	南京市中央路165号，邮编：210009
网　　址	http://www.jswenyi.com
印　　刷	文畅阁印刷有限公司
开　　本	710毫米×1230毫米 1/32
印　　张	7
字　　数	90千字
版　　次	2025年1月第1版
印　　次	2025年1月第1次印刷
书　　号	ISBN 978-7-5594-9165-7
定　　价	55.00元

江苏凤凰文艺版图书凡印刷、装订错误，可向出版社调换，联系电话 025-83280257

序·谁甘愿成为诗人或词人呢？

作为汉语诗坛的顶流，李白、杜甫一定会跳出来说，谁说我们当诗人了？谁爱当谁当去！

虽然杜甫曾说过"诗是吾家事"，但人家的梦想是"致君尧舜上"，直到晚年他还说："死为星辰终不灭，致君尧舜焉肯朽。"

而"笔落惊风雨"的李白呢，人家志在"申管、晏之谈，谋帝王之术"，就算没有成功，也把自己比作"大鹏飞兮振八裔，中天摧兮力不济"。

这是独属于盛唐的豪迈与自信。

他们都有凌云的羽翼，可长安没有他们展翅的蓝天。他们想成为"功成追鲁连"的李将军、"再使风俗淳"的杜丞相，所谓的诗仙与诗圣，只不过是他们被迫接受社会调剂的结果。

于是，他们的生命，在历经风雨、战火之后，写成了厚厚的诗集，赢得了"千秋万岁名"，然而那已经是"寂寞身后事"。

但到了北宋以后，也有主动自我调剂的，比如柳永和元好问。

北宋有很多文人是听柳词长大的，可他们偏偏说，谁说我学柳永我就跟谁急。

结果呢，一本《全宋词》，处处都有柳词的痕迹。柳永真的是，"便纵有千种风情，更与何人说"。他不仅是文人不爱，而且还史书不载，更被排除在官场之外。

官家在龙头榜上划掉他的名字，让他且去填词，何要浮名。可那又怎样呢？他就自封"才子词人，自是白衣卿相"，还说"追欢买笑。剩活取百十年，只恁厮好"。

于是，青楼佳人"亲持犀管，旋叠香笺。要索新词"，他大笔一挥，然后署名"奉旨填词柳三变"。这阕词，佳人视为心头宝，他人却视为池边草。

可是，史书里短短的几行字哪能抵得过这一阕词的风流？

元好问呢，生在金、元易代之际，在战争中活了下来，却饱受非议。向蒙古人示好、跪请忽必烈为儒教大宗师……把"头皮留在姓名非"。

即使如此，他还是担当起了"一代诗史"的千钧重任，"秋风不用吹华发，沧海横流要此身"，民生之苦、山河之恸、故国之思……血泪斑斑的历史奔涌于他的笔下。元好问和历代有使命感的文人一样，为金朝保留了大量历史资料，拯救了文化、延续了文明。

在人生的尽头，他不称自己为金朝故臣，也不说自己是元朝子民，只说"不愿有碑志也，墓头树三尺石；书曰：'诗人元遗山之墓'足矣"。最后，他选择做诗人。

帝王将相总是"流水落花春去也"，诗人却如历史的"昆仑"，

"不废江河万古流"。

这也正如杨万里所言,"不人三句五句诗,安得千人万人爱"。

何为诗人?

一部分诗人是努力写出好诗的人。另外一部分则相反,他们本来就是像诗一样的人,就算不写"诗",也是诗人。

比如陶渊明,元好问称他"一语天然万古新,豪华落尽见真淳"。

读他的诗,有时你会觉得他躺平了,但其实呢,人家在努力种田。你看着他在"晨兴理荒秽,带月荷锄归",其实他在思考人生。你感觉他说的话很有道理,但你不知道他到底喝了多少酒。

他从不刻意写诗,只是娓娓道来,却道出许多被我们忽视的事实与真理,比如这首诗:

杂诗十二首·其一

人生无根蒂,飘如陌上尘。
分散逐风转,此已非常身。
落地为兄弟,何必骨肉亲。
得欢当作乐,斗酒聚比邻。
盛年不重来,一日难再晨。
及时当勉励,岁月不待人。

即使人生如尘土,也不能放弃,应该好好珍惜。

诗一样的人，一定会爱天地、爱万物、爱人间，也爱自己，在他们的诗里，怎一个"情"字了得？但有一种"情"必不可少，那就是性情。什么样的性情决定了他是什么样的诗人。

再比如杨万里，用调皮和任性向世人展现如何在一个不可爱的时代保持天真可爱。他可以"闲看儿童捉柳花"，也可以骂皇帝太败家；他是熊孩子的克星，"戏掬清泉洒蕉叶，儿童误认雨声来"，逼着熊孩子回头说：老头，你等着瞧。

他是贪官污吏的心理阴影，动不动就拒不从命，把皇帝气到七窍生烟。他怼别人的同时也怼自己不争气，"吾头颅如许，报国无路，唯有孤愤"。

他有胆识、有才气，别人说他的诗学杜甫，他不服气，烧了自己全部的诗稿，重新开始创作，在前人的领地之外开辟出一座诗的昆仑，为诗坛吹来一股清新之风，被后人称为"诚斋体"。

所以，诗一样的人，他们的生命也更加坚韧。

再比如苏轼。因为三次被贬，来到各地，在美食打卡的同时顺便思考人生。在黄州，他吃猪肉，"早晨起来打两碗，饱得自家君莫管"。在惠州，他不仅"日啖荔枝三百颗"，还"报道先生春睡美"。即使只吃"蓼茸蒿笋试春盘"，他也道"人间有味是清欢"。

他本以为会死在海南，临行前，与苏家的子孙在江边作死别。在儋州，遇到没有吃的时，他就"引吭东望，吸初日光咽之"，也让他心里充满了阳光。可苏轼不但没有死，还在极度恶劣的生存条件下交到了更多的朋友、吃到了更多的美食、找到了更多的人生乐趣。

直到宋徽宗登基，苏轼才遇赦北还。这时他已经是个六十五岁的老人了。就在六月二十日那天，他即将渡海返回时，风浪极大，不能渡海。他就说，再等一等吧，风雨总会过去的。直到半夜，倏然之间一片晴明，仰观天空，明月当空；俯察大海，水色澄清。苏轼精神一振，乘兴过海，写下这首《六月二十日夜渡海》。

六月二十日夜渡海

参横斗转欲三更，苦雨终风也解晴。

云散月明谁点缀？天容海色本澄清。

空余鲁叟乘桴意，粗识轩辕奏乐声。

九死南荒吾不恨，兹游奇绝冠平生。

他还自嘲了一下，但半夜渡海，还是收获颇丰；虽贬谪蛮荒，九死一生，然并无遗憾。为什么呢？因为这次远游是他平生最奇绝的经历。把几乎使自己丧命的贬谪看成一次精彩的旅游，还有什么能打倒他呢？

所以，诗一样的人，历经磨难，从最低谷亦可登上人生的"昆仑"。

诗人为谁写诗？

我们先来看看他们笔下的诗句。

他们得意时，会说"仰天大笑出门去，我辈岂是蓬蒿人"。

他们怀念往昔时，会说"君埋地下泥削骨，我寄人间雪满头"。

在知音难觅时，他们不会放弃，而会说"身无彩凤双飞翼，心有灵犀一点通"。

在对知音牵肠挂肚时，他们会不顾病重，说"垂死病中惊坐起，暗风吹雨入寒窗"。

隐秘的心愿无法言尽时，他们便道"何当共剪西窗烛，却话巴山夜雨时"。

若与故人惜别，他们便道"请君试问东流水，别意与之谁短长"。

这是他们不得不说的话，又何尝不是我们的呢？就像爱默生在《善待命运》中所言："诗人笔下流淌的不但是自己的感受，也是适用于每一个人的内心独白。"

他们蘸酒写诗，我们却误入他们的诗句。

诗人不仅是人间的嘴替，更会提出千古难解的谜题。

为什么人生总是"相见时难别亦难"，以致我们总在离别的时候"执手相看泪眼，竟无语凝噎"？

为什么痛苦总会降临在两个美丽的灵魂之上，让他们如同"芭蕉不展丁香结，同向春风各自愁"？

"问世间，情是何物，直教生死相许？"为什么生死相许的爱情会"此恨绵绵无绝期"?

青春一去不复返,又问出"世间何物催人老"?是"白发三千丈,缘愁似个长"还是"夕阳无限好,只是近黄昏"?还是像苏轼所言"谁道人生无再少?门前流水尚能西!休将白发唱黄鸡"。

他们用悲伤的碎片拼出人生的真相,也学会了面对忧伤,在文字中寻得宽慰。如此,他们的生命就有了力量,作品也让所有人热泪盈眶。

"归路从此迷,涕尽湘江岸",苦难生活的辛酸之泪浸润了杜甫诗篇的字里行间。

李白死前最大的遗憾就是"仲尼亡兮谁为出涕",恨无人为他痛哭一场。

可千百年过去了,他们的泪水滴落,依然会泛起相同的涟漪。

这不禁让人又想起了一句诗,"人生代代无穷已,江月年年只相似"。

这轮"江月"何尝不是唐诗与宋词呢?

又何尝不是诗人与词人呢?

初读他们的诗,就像从他们的人生路过。

再读他们的诗,就像与过去的自己重逢。

这些诗,可以放到漫长的人生中去印证,我们可以读着这些诗跃上人生的"昆仑"。

目录

治愈 | 苏轼
一场"劳动改造",治愈精神内耗 / 001

杨万里 | **可爱**
如何在不可爱的时代,保持天真可爱 / 023

幸福 | 杜甫
人间冰冷残酷,却夺不走我的幸福 / 047

李白 | **可泣**
我学不会情绪稳定,只想绽放自己的生命 / 063

君蜜 | 白居易和元稹
想拆散我们?下下下辈子都不可能! / 083

1

孤身亦可登昆仑

苦乐 | 陶渊明
每一种人生选择，都是痛并快乐着 / 113

足矣 | 孟浩然
我任性，只为这一生不虚此行 / 131

风情 | 柳永
纵有千种风情，还是要回归一本正经 / 151

当下 | 李商隐
不知从哪里溢出来的忧伤，就叫作"无题"吧 / 171

答案 | 元好问
最后，我还是选择做诗人 / 191

苏轼

一场"劳动改造"，治愈精神内耗

治愈

【题记】

和苏轼做朋友会是什么样的感觉呢?

如果你饿了,他会给你做东坡肉,还会淡定地摇着扇子说:"待他自熟莫催他,火候足时他自美。"如果你睡了,他会突然夜袭,把你叫醒说,今晚月色真美,"但少闲人如吾两人者耳"。如果你想减肥,可以喝他用独门配方酿的酒,足以困在厕所好几天。如果你是他的弟弟,他经常会把一家十几口人托付给你,还说要"与君世世为兄弟"。

关注他的时间越久,喜欢他的理由会越多。关于他的故事宋朝时有几十个,到清末已经有一千多个了。他收到人间最多的赞美,生前所遭遇的却是最恶毒的诋毁,使他终生都是罪人。面对这一切,真实的苏轼并非我们想象中那么乐观,也曾经抑郁、纠结、绝望,甚至还想过自杀。他是怎么治好精神内耗的呢?他的治愈能力到底有多强呢?

（一）

关于苏轼的故事，我们要先从一个人说起。他不仅改变了苏轼的命运，更用一场变法改变了北宋的命运，他不是王安石，而是宋神宗赵顼。

在他登基之时，距离北宋开国已经一百多年，这个王朝"苟安已久，机体已朽"。内政上，很多官员拿了钱不干活，一干活就贪钱，朝廷发放的俸禄是开国时的十倍，人却一批不如一批。军事上，军队越扩大，反而越不扛打，每年上交的"保护费"一年多过一年。人民因为土地兼并无立锥之地，被逼上"梁山"的人一伙多过一伙。

于是，对于改革的呼声一浪高过一浪，包括司马光、韩琦、富弼、苏轼兄弟，这些被划为旧党、保守派的人都提出自己的改革建议。眼看国库里的钱一天比一天少，官家对于改革的决心是一个比一个大。1067年，十九岁的神宗即位后，就披上全副盔甲去见他的祖母，并问道，祖母，我穿这副盔甲好不好看？之后，神宗对张方平、司马光的改革建议一一批准，下诏对冗官冗费和皇室开销等制度进行改革。但是，只靠节流这样点点滴滴的补缀是无法改变国家命运的。神宗需要的是富国强兵，"用武开边，复中国旧地，以成盖世之功"。所以，他认为"当今理财最为急务"，并希望富弼担起这个重任。然而这位宰相说："陛下即位之始，当布德行惠，愿二十年口不言兵。"但神宗的决心并未动摇，在司马光等人的推荐下，他把王安石召到了京城。

就在十几年前，王安石曾提过一系列理财方针，他主张"因天下之力以生天下之财，取天下之财，以供天下之费"，以此实现富国强兵。

1069年，王安石被任命为参政知事，他制定的新法也吸取了前人的改革成果，比如"青苗法"是根据"陕西青苗钱例"制定的，"保甲法"参照了范仲淹的"修武备"和苏轼的"教战守"，更对教育、军事、农田水利等进行了全面的改革。对于这一切，宋神宗"一切屈己听之"，并给予王安石最高的礼遇。同时，反对声此起彼伏，不绝于耳，太后、亲王、故臣名士都要求罢免王安石、停止新法。宋神宗怒斥道，你们反对变法就是败我天下！熙宁变法就这样开始了。

之后，苏轼丁忧期满，回到朝廷，王安石向他们兄弟两人抛出了橄榄枝，神宗对苏轼同样寄予厚望，就把他召入偏殿，听其心声。但苏轼上奏说："陛下求治太急，听言太广，进入太锐。"其实他并非反对变法，甚至对王安石的很多观点是认同的。但苏轼更主张"结人心、厚风俗、存纪纲"，要效仿汉朝的文景盛世，在不惊扰百姓的情况下推行无为之治。他更希望能够君臣一心，在大臣们达成共识之后再推行变法。他担心一旦有小人阻挠，官家摇摆不定，便会像之前的庆历新政一样无功而返、劳民伤财。神宗没有责罚苏轼，反而命他"今后遇事即言"。神宗想重用苏轼，但遭变法派强烈抗议，也就作罢。

同时，很多元老重臣因反对新法离开了朝廷，有人归隐，有人沉默，有人消极。但苏轼"眼看时事力难胜"，却说"岁恶诗人无好语"。他看到新法在执行过程中，不是遭到反对派的消极抵抗，就是变成积极分子的加倍剥削。百姓为了逃避强制征兵，自废双腕，还有很多人拆屋伐木以纳役钱。苏轼前后两次上奏，用洋洋洒洒的万字长文反对王安石的专权，请求神宗废除新法。他说："今日之政，小用则小败，大用则大败，若力行而不已则乱亡随之。"更说王安石不过是"以为区区之论可以济世"的"鲁莽"之辈，"不知人，不可大用"。变法派就不辞辛劳，把苏轼抬到开封府去冷静一下。

可苏轼一到任上，就出了一道试题，题目就叫"晋武平吴以独断而克，苻坚伐晋以独断而亡，齐桓专任管仲而霸，燕哙专任子之而败"，让大家评论一下其中的是非功过。随后，朝堂的口水如同恶臭的污水泼在了苏轼的身上。他也就自请外放，轻描淡写地说："看取桃花春二月，争开。尽是刘郎去后栽。"我苏轼走了，"新进"的桃花争相怒放了。真是"一朵妖红翠欲流，春光回照雪霜羞"。

（二）

苏轼到了杭州，到处考察地方民情。看到新政的盐法因为监管不力导致盐价上升，老百姓带着刀剑涉险贩卖私盐，违反盐禁的达上万人，苏轼在审问时心中来气，执笔对泣。百姓无言以对，他就有诗要怼，"岂是闻韶解忘味，迩来三月食无盐"。百姓不是圣贤，不会听一听韶乐就忘记咸淡。他们这么做只是为了吃口饭。

青苗法让国家获得成倍的财政收入，同时也耽误了农民的生产，苏轼又写诗道："杖藜里饭去匆匆，过眼青钱转手空。赢得儿童语音好，一年强半在城中。"苏轼为百姓说话，也赢得了百姓的喜爱。后来这些诗被热心的粉丝抄录、收集，由书商刻为《苏子瞻学士钱塘集》，在全国公开发售。

当时的沈括还将这些诗抄录上奏朝廷。其实，神宗早已读过这些诗了。

对于新法的弊端神宗心知肚明，并没有一味地信任王安石。对于执行青苗法、盐禁中失职的官员，还有不合理的法令，他不顾王安石的一再反对，下令派官员加以查处。在王安石的启发与影响下，宋神宗开始对变法有了自己的看法，逐渐把改革的主导权控制在自己的手上。

苏轼也很快就明白了口舌之争于事无补，只有为人民多做一些实事，才能弥补新法的弊端。他开始积极配合知州勤于政事，并疏浚西湖六井。第二年春天，六井修葺完毕，正好赶上大旱之年，周边各地水井都干涸了，只有杭州的井水常满。

作为回报，西湖激发了他的诗意，他的诗词也让西湖更具画意。他觉得西湖无论是晴天还是雨天都各有风韵，便写下了这组《饮湖上初晴后雨》。

饮湖上初晴后雨

其一

朝曦迎客艳重冈，晚雨留人入醉乡。
此意自佳君不会，一杯当属水仙王。

其二

水光潋滟晴方好，山色空蒙雨亦奇。
欲把西湖比西子，淡妆浓抹总相宜。

这时，全国旱情严重，民间发出了"去安石，天乃雨"的怒吼，王安石被迫离职。之后，左司郎中李师中向神宗进言，让司马光、苏辙等回朝以辅圣德，结果被贬为和州团练副使。此时苏辙正在济南为官，苏轼便请求到山东任职，得准后升了官，出守密州。

（三）

1075年的上元之夜，苏轼走在密州的街头。去年此时，他在杭州看到"灯火钱塘三五夜，明月如霜，照见人如画。帐底吹笙香吐麝，更无一点尘随马"。密州却如此凄清，苏轼再无江南之诗情。"寂寞山城人老也！击鼓吹箫，却入农桑社。火冷灯稀霜露下，昏昏雪意云垂野。"苏轼随着箫鼓声闲步到了农桑社，村民正举行社祭祈求丰年。苏轼久久不能离去，看到郊外火冷灯稀、霜露降下，天快要下雪了。

熬过了旱灾袭击的密州、沂州等地又遭到了铺天盖地的蝗虫袭击，老百姓只能啃树皮、嚼草根。苏轼上表朝廷请求赈灾和免税，要求废除导致税负摊派不均的手实法。苏轼更对百姓说，"吏民莫作长官看，我是识字耕田夫"，带领民众以火烧和深埋的方式对抗蝗灾，用补贴粮米提高人们的抗灾积极性。

见到遍地都是孤儿，苏轼"洒涕循城拾弃孩"。并且拿出官库中的一部分粮食补助领养孤儿的家庭，让他们都能重获父母之爱，但这样也才挽救几十条生命。苏轼自愧读了这么多书，却找不出一个字能救百姓，"永愧此邦人，芒刺在肤肌"。

不久，北宋对西夏开战，征兵、开矿、伐木，百姓负担加重。

辽国乘势集结重兵以示威胁，宋神宗就派复职不久的王安石与辽国谈判、割地求和，放弃了国土七百里。此时苏轼年近不惑，他痛饮美酒，杀敌报国之志涌上心头，写下词句："酒酣胸胆尚开张。鬓微霜，又何妨。持节云中，何日遣冯唐。会挽雕弓如满月，西北望，射天狼。"

朝廷的政治气氛剑拔弩张，让苏轼感到"我欲乘风归去，又恐琼楼玉宇，高处不胜寒"。

他离开朝廷五年，与弟弟七年未曾相见。也许"人有悲欢离合，月有阴晴圆缺，此事古难全。但愿人长久，千里共婵娟"。他又想起了自己的家乡，还有葬在那里的妻子王弗。他们阴阳相隔，已是"十年生死两茫茫，不思量，自难忘"，他积思成梦，看见王弗"小轩窗，正梳妆"。两人四目相对，"相顾无言，惟有泪千行"。

苏轼的这些词不仅在市井、宫廷内传唱，更是"令东州壮士抵掌顿足而歌之，吹笛击鼓以为节，颇壮观也"。他的豪放词，自成一家，他也因此才名大盛，成为公认的大学者。才子秦观为拜入他的门下，称他为"不将俗物碍天真，北斗已南能几人"。至此，无论是在政坛还是文坛，苏轼都是人民心中最闪耀的星。

在密州待了两年之后，1076年，苏轼奉诏知徐州，到任三个月后，黄河绝口、水淹彭城，"水穿城下作雷鸣，泥满城头飞雨滑"。苏轼与百姓一同在泥水里筑堤打坝，历时两个月，洪水被挡在城外。为了杜绝隐患，苏轼请求朝廷拨款，以再筑一道大坝。

于是，在黄尘弥漫的工地上，经常出现这位知州的身影。

可是战胜洪水的喜悦尚未从脸上消失，一场天灾又不期而至。第二年春，徐州大旱，烟尘蓬勃，草木焦然，苏轼率百姓去城东石潭祈雨，既得喜雨，又一同去还愿。那一天，村里的姑娘匆匆抹上红妆，为了争看知州的风采，三三五五挤在棘篱门，还踏破了茜罗裙。村民们老幼相携前往祭祀，剩余的祭品引来乌鸦和老鹰盘旋不去。

浣溪沙

簌簌衣巾落枣花，村南村北响缫车，牛衣古柳卖黄瓜。

酒困路长惟欲睡，日高人渴漫思茶。敲门试问野人家。

在回来的路上，苏轼感到内疚，野人家尚能给他一碗粗茶，而他能给野人家带来什么呢？他又看见一个老翁挂着藜杖，将新麦捣成粉末用来果腹。苏轼便上前问他，甘霖之后，我们还要多久才能等到丰收？苏轼继续走在乡间的土路上，这时，又下了一场雨。面对"软草平莎过雨新，轻沙走马路无尘"，他问自己"何时收拾耦耕身"？看到桑麻碧绿清新，艾草熏香扑鼻，他感到进退两难，无奈地说："使君元是此中人。"

苏轼也开始反省自己，当初把社会和人生看得太简单、太理想化了。他发现忠君未必能报国、爱民未必能忠君。书本所言、理想所爱、现实所为存在着不可调和的矛盾。但他还是如此轻率地做出决定，以致铸成大错。苏轼反省得很彻底，但是，他改了吗？

不久，苏轼得知官家要对西夏用兵，就写下《代张方平谏用兵书》极力劝阻。说强兵只是为了"保疆睦邻"，并公然点明"用兵之端，陛下作之"将"亡国杀身"。这对于急于"用武开边"的宋神宗而言无疑是泼了一盆冷水。这位大名鼎鼎的苏大才子，管得太多了，应该要治一治了！

这时候，王安石已经罢相，但是变法没有停止，宋神宗从幕后走向前台，亲自部署新法的一切事宜，只任用王珪和蔡确"一等庸人"左右趋承，并开始对官僚体制进行改革，史称"元丰改制"。

（四）

1079年，苏轼调任湖州知州，他上表谢奏说："知其愚不适时，难以追陪新进；察其老不生事，或能牧养小民。""新进"们被苏轼"刺痛"了，就开始"生事"了。他们马上团购了苏轼的诗集，潜心研究长达四个月，通过不停地解构和重构，找到了六十多处包藏"祸心"的罪证。

1079年七月二十八日，苏轼在湖州正准备大兴水利之时，被狱卒捆绑带走，登舟而去。随后官兵前来抄家，他的一部分诗文被抄走，剩余的被家中女眷全部焚毁。行至太湖，苏轼本想自尽，但是想想家人、想想朋友、想想自己的清白，也就作罢。

苏轼被押送京城，关进了御史台。在之后的四个多月里，狱卒每天准点对他进行"祖安输出"，严刑拷打，昼夜逼供。苏轼以"苦泪渍纸笔"，写下了数万字的"供词"，错一字都可能有生命危险。御史台的囚犯看了，都觉得自己判得太轻了。随后，"新进"们列举了四条罪状，足以把苏轼的九族团灭好几遍。第一条是诽谤官家，他们找到的证据是这句诗，"根到九泉无曲处，世间唯有蛰龙知"。"新进"们表示，官家是龙飞在天，苏轼却说是蛰龙，还要钻到九泉之下！宋神宗看了后，觉得过于牵强，就说人家苏轼在咏桧柏，关朕什么事？连变法派的章惇都看不下去了，说龙不一定指人君，人臣也是可以的，自古就有荀氏八龙、孔明卧龙。

诽谤罪没有坐实，"新进"们又找了第二条罪状，"讥讽朝政"，并拿出苏轼在杭州写的《山村五绝》。但此时神宗忙于改制，已经不会把讥讽新法判重罪了。在"新进"们罗列罪状的同时，苏轼每天都思考同一个问题，明天我会不会死？他与家人约定，如果得知官家要弄死他，送饭的时候就送鱼。但是朋友不知道，探监的时候送了熏鱼。苏轼看到后，心态崩了，感觉自己要"魂飞汤火命如鸡"了，眼前突然出现了妻子和孩子的笑容，马上提笔写诗给弟弟，说自己还没过完一生就要先偿还前债，那是活该，还要连累弟弟照顾一家十几口人，身后事就一切从简吧。

狱中寄子由二首·其一

圣主如天万物春，小臣愚暗自亡身。
百年未满先偿债，十口无归更累人。
是处青山可埋骨，他年夜雨独伤神。
与君世世为兄弟，更结来生未了因。

此时在牢房之外，各方的营救也正在展开。苏辙上书，愿意免去官职为哥哥赎罪，结果被贬筠州。王安礼直截了当地说，以言语罪人非大度之君。后来王安石也出面求情，仁宗的皇后更是泣诉，当年先皇说苏家兄弟是宰相之才，可以留给后世子孙，如今"二人安在"？同时，杭州、徐州、密州的百姓也自发地组织起来，连续数月为苏轼作解厄道场，祈求神灵保佑他平安无事。宋神宗还是欣赏苏轼的，并非想杀他，最后"轻判"了苏轼，责降为黄州团练副使。没有权力、没有工资，还要受到监视。

到了年底，苏轼出狱，大雪纷飞，寒风猛烈扑面而来，却远不及他心底的寒意。"此灾何必深追咎，窃禄从来岂有因"。这一切都无从反思，这一切都没有必然的因果关系。真的是"自笑平生为口忙，老来事业转荒唐"。

（五）

1080年的农历正月初一，苏轼把家眷托付给弟弟苏辙后，便带着长子苏迈出发。一个月后，抵达黄州，全家借宿在寺庙之中。此时他水土不服，身体状况不佳，已经是"病腹难堪七碗茶"。他隔窗望着北归的大雁，想念那里的家人，却"可无消息到侬边"。

他自称幽人，无事不出门，焚香默坐，深自省察。偶尔出门"与樵渔杂处，往往为醉人所推骂"，他反而高兴了，因为人们渐渐不认识他了。

有一日深夜，苏轼"清诗独吟还自和"，但此时"白酒已尽谁能借"，便放下书走出庭院。残缺的月亮挂上树梢，月光在树枝间透出清晖。踩着地上的树影，苏轼感觉自己犹如翩跹不居的孤鸿。

卜算子·黄州定慧院寓居作

缺月挂疏桐，漏断人初静。谁见幽人独往来，缥缈孤鸿影。
惊起却回头，有恨无人省。拣尽寒枝不肯栖，寂寞沙洲冷。

从开封、杭州到密州、徐州，再到黄州，没有他的停留之处。万般心事无人倾吐，只能独自品味凄苦。他感觉自己流落于荒冷的沙洲，已经是"罪大责轻，得此已幸"。但因为自己牵连到这么多人，很多亲朋好友与他断交了，他"觉心肺间便有如汤火芒刺"。无论是对国家、对朋友，还是对家人，他已是彻彻底底的罪人，那一夜，苏轼喝了点酒，醉归之后被责骂。

数月后，弟弟带着苏轼的妻子和儿子来到黄州，苏轼至巴河口相迎，兄弟两人相聚十日后道别。与家人再次团聚，生活看似安定了下来，可剩下的那一点点积蓄撑不了多久了，日子该怎么过下去呢？眼前的生活正如这首诗中所言：

寒食雨二首·其二

春江欲入户，雨势来不已。
小屋如渔舟，蒙蒙水云里。
空庖煮寒菜，破灶烧湿苇。
那知是寒食，但见乌衔纸。
君门深九重，坟墓在万里。
也拟哭途穷，死灰吹不起。

虽然他现在如飘零的柳絮，"似花还似非花，也无人惜从教坠"。但是"抛家傍路，思量却是，无情有思"。

一个月后，在好友朱寿昌（鄂州知州）的帮助下，苏轼一家迁居临皋亭。对于朋友的帮助，苏轼表示无法用苦涩的言辞来表达感激之情。

很快，中秋节到了，苏轼想弟弟了，看着秋风吹打树叶发出凄凉的回响，感叹"世事一场大梦，人生几度秋凉"。明月虽亮，却被浮云遮蔽，此时谁与他共赏，只能"把盏凄然北望"。不久，好友陈季常、米芾、董毅夫等先后来探，辩才、王国定、章惇等经常与他书信来往。可苏轼害怕再次连累朋友，总在书信中说，"看讫，便火之。不知者以为诟病也。"

到了元丰三年岁末，苏轼前往天庆观开始了斋居生活，两个月后他走出观门，已是新一年的春天，不知不觉他来黄州已有一年了。他看到江柳摇村，山谷中流冰融化成溪水，新草遮盖了烧过野火的旧痕。苏轼与三位新朋友道别时说，"数亩荒园留我住，半瓶浊酒待君温"。

不久，一个叫马梦德的铁粉也追随苏轼来到了黄州，看到苏轼积蓄已尽，连饭也快吃不上了，就向官府争取到了几十亩地。苏轼将这块地命名为"东坡"，于是，黄州多了一位老农，号"东坡居士"。可是，没有农作经验，亲自躬耕一块荒地，谈何容易。一种难以言状的担忧和希望交织在苏东坡的心头。

东坡八首·其一

废垒无人顾，颓垣满蓬蒿。

谁能捐筋力，岁晚不偿劳。

独有孤旅人，天穷无所逃。

端来拾瓦砾，岁旱土不膏。

> 崎岖草棘中，欲刮一寸毛。
> 喟然释耒叹，我廪何时高。

苏东坡带领全家斩荆棘、除荒草、拾瓦砾，凡事亲力亲为，"力耕不受众目怜"。他明知付出辛劳也未必会有很多收获，但这块荒地就是他唯一的希望。累的时候，他就放下锄头，想想来年的丰收。收成好、仓廪实是老农东坡最大的理想。他还认为"饥饱在我宁关天"，只要肯干，就一定能吃饱饭。

果然有一天，"家童烧枯草，走报暗井出。一饱未敢期，瓢饮已可必"。这无疑是一个巨大的惊喜，让东坡看到了希望。

开垦完荒地，苏东坡对东坡进行规划，低洼处种植水稻和粟米，东边的平地种植桑树和果树，剩余的空地盖一间书房。

经过几个月的辛苦劳作，最先成熟的是水稻，东坡把从"稻针"初生、分秧、垂缕到成熟，再到收割入仓的全过程写入诗中，自食其力的幸福感洋溢在字里行间。

东坡八首·其四

> 种稻清明前，乐事我能数。
> 毛空暗春泽，针水闻好语。
> 分秧及初夏，渐喜风叶举。
> 月明看露上，一一珠垂缕。
> 秋来霜穗重，颠倒相撑拄。

> 但闻畦陇间，蚱蜢如风雨。
> 新春便入甑，玉粒照筐筥。
> 我久食官仓，红腐等泥土。
> 行当知此味，口腹吾已许。

当然，苏东坡的丰收不只是靠天靠地，还有朋友。在垦荒时，黄州的朋友潘、郭、古三人一起来帮他拾瓦砾，"劳饷同一餐"。蜀人王文甫为他提供种子，当地老农还传授耕作经验。对此，苏东坡"再拜谢苦言，得饱不敢忘"。

东坡开垦了东坡这块荒地，也除尽了心中的荆棘。他"于穷苦寂淡之中，却粗有所得，未必不是晚年微福"。

随后，苏东坡开始动手下厨，做出了东坡羹、二红饭以及东坡肉等三十二道坡味。他还为猪肉写了一首诗，诗名就叫《猪肉颂》。

猪肉颂

> 净洗铛，少著水，柴头罨烟焰不起。
> 待他自熟莫催他，火候足时他自美。
> 黄州好猪肉，价贱如泥土。
> 贵者不肯吃，贫者不解煮，早晨起来打两碗，饱得自家君莫管。

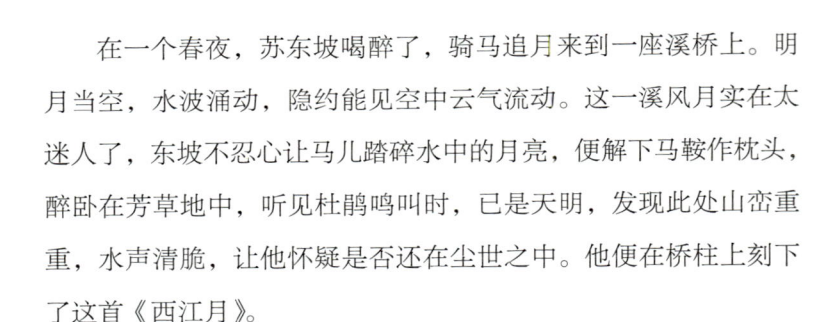

在一个春夜，苏东坡喝醉了，骑马追月来到一座溪桥上。明月当空，水波涌动，隐约能见空中云气流动。这一溪风月实在太迷人了，东坡不忍心让马儿踏碎水中的月亮，便解下马鞍作枕头，醉卧在芳草地中，听见杜鹃鸣叫时，已是天明，发现此处山峦重重，水声清脆，让他怀疑是否还在尘世之中。他便在桥柱上刻下了这首《西江月》。

西江月

照野弥弥浅浪，横空隐隐层霄。

障泥未解玉骢骄，我欲醉眠芳草。

可惜一溪风月，莫教踏碎琼瑶。

解鞍欹枕绿杨桥，杜宇一声春晓。

随后，苏东坡结识了同样被贬黄州的张怀民，因气味相投而成为好友。有一天晚上，苏东坡看到月色奇美，可惜无人陪伴，回想此前自己的经历，他就夜袭承天寺访张怀民。之后，两人"相与步于中庭。庭下如积水空明，水中藻荇交横，盖竹柏影也。何夜无月？何处无竹柏？但少闲人如吾两人者耳"。因为"江山风月，本无常主，闲者便是主人"。

这种自适、自得的心境让苏东坡又出去"野"了。游玩后所作的文学作品，不仅有豪放、旷达的境界，而且要我们背诵并默写全文。

苏轼
一场"劳动改造",治愈精神内耗

东坡

雨洗东坡月色清,市人行尽野人行。
莫嫌荦确坡头路,自爱铿然曳杖声。

他醉归临皋亭,已是三更,只听见,"家童鼻息已雷鸣。敲门都不应,倚杖听江声"。听着涛声依旧,看着小舟远逝,东坡的心灵漂向了历史深处。"大江东去,浪淘尽,千古风流人物",然而"江山如画,一时多少豪杰",也不过和我东坡一样,"寄蜉蝣于天地,渺沧海之一粟;哀吾生之须臾,羡长江之无穷"。看透了人生,苏东坡不再服老。"谁道人生无再少?门前流水尚能西!休将白发唱黄鸡"。于是再游赤壁,"摄衣而上,履巉岩,披蒙茸,踞虎豹,登虬龙"。动作连贯,身手敏捷,一气呵成,一腔雄心壮志等待宣泄。在半梦半醒中,似乎听到有人在问,"赤壁之游乐乎"?这不就是他这些年来最大的困惑吗?其实答案已经不重要了。

定风波

三月七日,沙湖道中遇雨,雨具先去,同行皆狼狈,余独不觉。已而遂晴,故作此。

莫听穿林打叶声,何妨吟啸且徐行。
竹杖芒鞋轻胜马,谁怕?一蓑烟雨任平生。
料峭春风吹酒醒,微冷,山头斜照却相迎。
回首向来萧瑟处,归去,也无风雨也无晴。

杨万里

可爱

如何在不可爱的时代,
保持天真可爱

【题记】

他是熊孩子的克星，整天调皮捣蛋，让孩子们闹心。

他是官家的心理阴影，揭开南宋的遮羞布，让人觉得他很"刑"。

他经历过无数次社会毒打，却依然相信：我还是从前的我，永远不怕调皮闯祸。

他喜欢看蚂蚁搬家，爱和山林对话，闲看儿童捉柳花。他的诗为老泪纵横的南宋文艺圈吹来一股清新之风，也为他的人生开辟了无边的乐土。

那么，如何能像杨万里一样，在一个不可爱的时代，保持天真可爱呢？

也许我们可以在他的诗篇中找到答案。

（一）

杨万里出生于1127年，也就是靖康二年。一听这个年号就知道，杨万里要和南宋的屈辱一起成长。三岁时，金兵攻入他的家乡江西吉水县，他们全家逃入深山避难。待金人撤兵，回到村庄，家中仅有的三间茅草屋再也不能为他们遮风挡雨了。

杨万里的父亲杨芾虽是穷酸秀才，却知道要走出贫苦的困境，不是靠厨房里飘出的饭香，而是靠让这破茅屋充满书香，便忍饥节食购置了大量的书籍。后来，杨芾指着这些书对杨万里说，国家的前途都在这些书里，你一定要好好领会。可杨万里还小，总是偷懒、调皮，父亲就斥责他愚昧无知，强迫他饥肠辘辘地"啃"完这些书。于是几年后，吉水县流传出了杨万里"啃书当饭"的佳话。

在杨万里八岁时，他的母亲永远地离开了他。杨万里就跟随父亲过起了游学的生活。直到有一天，杨芾发现对于儿子提出的问题，已经无能为力了，就赶到县城为儿子另觅良师。

1143年，十七岁的杨万里拜王庭珪为师。入学没几天，王庭珪拿出一摞书来。杨万里看得面红耳赤，问道，这不是禁书吗？王庭珪反问道，好不好看呢？杨万里使劲点头道，精彩至极！这些所谓的禁书，就是欧阳修、苏轼等的文史学说和二程（程颢和程颐）、张载的理学。王庭珪说，如今秉持这些学说的人多为主战派，朝廷就发起学禁，打压他们以换得苟且偷安。但优秀的文化和思想和世间公道一样，是禁不了的。

王庭珪非常喜爱这名聪慧的弟子，但无奈自己只是作学问的人，到了1147年，王庭珪就让二十一岁的杨万里拜刘延直和刘世安为师。没想到的是，这两位老师也拿出一摞"禁书"。就这样，杨万里学了好几年"违禁"之学，思想便不再受到限制。

（二）

1154年，杨万里二十八岁，来到临安参加科举。同时走进考场的，还有同为南宋四大诗人的陆游、范成大，后来的宰相虞允文和词人张孝祥。杨万里脱颖而出，进士及第。这几人在琼林宴上相识，成为莫逆之交。两年后，杨万里接到任命，前往赣州任司户参军。此时家乡的茅屋已成危房，杨万里便带上父亲和新婚妻子，前往赣州赴任。

刚刚踏入官场，饱读"违禁"之书的杨万里有点自命清高了。他讨厌官腔官调的人，结交的都是仕途困顿的诗人。领导好言相劝，有那闲工夫和这些人一起愁啊、怨啊、悲啊，不如多花点时间学学吏政之事。杨万里不爽了，反驳道，文章千古事，为官一时荣，情愿选择无病呻吟，也绝不贪图富贵。

领导一看这小子有点狂，就说，你过几天下乡，帮忙收税去吧。杨万里更不服了，表示新苗刚种下，收什么税？领导你既然如此为难我，那我就不侍候了！说完就拂袖而去。

回到家后，杨万里就与家人商量弃官回乡的事。父亲听了，抡起棍子就是一顿打，要不是继母和妻子阻拦，杨万里的人生就到此为止了。这一顿毒打让杨万里清醒了，不折腰的确很清高，但是没有五斗米，全家人都吃不饱。第二天，杨万里硬着头皮向领导道歉，表示以后再出言不逊，您也可以像父亲一样揍我一顿。领导一听，觉得这孩子还可以抢救一下，也就不计前嫌，悉心教导。此后，杨万里学会了官腔官调、强颜欢笑，把自己变成了"合格"的官员。

　　三年任期结束后，杨万里带着家人回到了家乡，盖起了新房。虽然不是豪宅庄园，但三十二岁的杨万里终于拥有了一幢有门有窗有柱有梁的房子。在往后的日子里，无论是官场困顿，还是灵感枯竭，这个家始终是滋润他心灵的地方。

（三）

1160年，杨万里得到了永州零陵县丞的任命，官阶也升到了正八品，但对学问的追求丝毫没有放松。当时抗金名将张浚谪居在永州，杨万里是他的狂热粉丝，不仅因为张浚以主战著称，更由于他有深厚的理学造诣。但无奈张浚始终闭门谢客，杨万里无缘相见。

正巧此时，杨万里结识了张浚的儿子张栻，两人一见如故，张栻便带杨万里回家。一进家门，杨万里便以弟子之礼拜见了张浚。一番交谈之后，张浚觉得这位后生的学问已经无须指导，便传授儒家的"正心诚意"之学。从此杨万里以"诚"为书房的名字，自号"诚斋"。

正巧，爱国志士胡铨也来到了永州，杨万里就请他为自己的诚斋做一篇记。胡铨欣然应允，在文中鞭策杨万里：既然你以诚为斋，就要牢记一辈子。对此，杨万里晚年写诗回忆道："浯溪见了紫岩回，独笑春风尽放怀。谩向世人谈昨梦，便来唤我作诚斋。"一个"诚"字点醒了杨万里，也成为他的做人原则，更成为他创作的活水源头。

在张浚家中，杨万里还结识了一位奇怪的流浪汉——刘子驹。

初次相见,杨万里感觉此人似乎不可亲近,一番交谈之后,才见其广博精深。杨万里恭敬地呈上自己的诗集,刘子驹随便翻了几页,便丢在一旁,淡淡地说,你的诗看上去对仗工整、颇有意境,但只是拾前人的余唾,句句皆无病呻吟。这番话就像一瓢冷水,让杨万里从头冷到了脚。他杵了良久,突然清醒了,向刘子驹行弟子之礼。

回到家后,杨万里将所有诗作付之一炬,决定重新开始。怎么才能写出好诗呢?杨万里陷入苦思。一日黄昏,他驾着一叶小舟在江上钓鱼。此时夕阳虽已泛黄,但仍有余温,江水清澈,远山冲出江岸。

自音声岩泛小舟下高溪

晚日黄犹暖,寒江白更清。
远山冲岸出,钓艇背人行。
舟稳何妨小,波恬尔许平。
大鱼不相报,拨剌得吾惊。

平静的江面激起了涟漪,使他顿时一惊,恍然大悟。诗意无法刻意寻求,是自己送上门来的。从此,中国诗坛多了一种"诚斋体"。

1163年,通过张浚的举荐,杨万里将赴杭州担任临安府学教授。可第二年元宵刚过,家里就传来了父亲病危的消息,杨万里悲痛万分，感叹"春光尽好关侬事，细雨梅花只做愁"回到家乡以后，关于国家的坏消息也不断传来。朝廷北伐溃败，主和派攻击张浚误国，力主和议。宋孝宗随即动摇，向金国赔款。就在同月，杨万里的父亲病逝。按照规定，杨万里需要在家守制三年。

亲人亡故、报国无门让杨万里清醒了。国家病了，那就得治。他开始思考治国策略。他磨完墨摆好纸，开始深思，可是问题很多，也很沉重，无从下笔之时他便找熊孩子寻开心。有一次，他午睡起身，还是没有心思写作，呆呆地望着窗外。

杨万里看到一群孩子正在玩耍，就童心大发，把水洒向芭蕉叶，发出哗啦啦的声音，并大喊道下雨啦、回家收衣服啦。天真的孩子们听到后纷纷跑回了家，杨万里感到心满意足，回到屋中继续写作。以后他只要"日长睡起无情思"，马上就"闲看儿童捉柳花"。国家的命运迷茫，儿童让他看到了希望。

随后，他写下三十篇策论，并取"愚者千虑必有一得"义，将这本书命名为《千虑策》。1166年，年近不惑的杨万里再赴临安，先后拜见陈俊卿和虞允文，献上《千虑策》。

陈、虞两人打开书，看到杨万里揭开了南宋的遮羞布。他说宋孝宗登基之后，不管什么事，都是碰到一点问题马上就不做了。对于国家的未来，他提出和不如战、战不如守。"和"会瓦解士气，想"战"，主战派也都被赶走了，如今只能加强战备伺机而动。虞允文花了一天时间读完，不禁感叹道：国家原来还有这样的人物。便向朝廷举荐了杨万里。

等了三年之后，杨万里转任奉新县知事。刚到任上，他看到牢房里关满了拒缴赋税的"刁民"，可府库里依然空虚。一番调查后，杨万里才知道这些"刁民"要承受原定数额五倍的赋税，就下令将他们释放，并减免杂税、放宽期限。不出一个月，欠税全部缴清。紧接着，当地发生旱灾，税收工作变得更为艰难。杨万里内心的惆怅仿佛只有西山才知道。

过西山

一年两踏西山路，西山笑人应解语。

胸中百斛朱墨尘，雨卷珠帘无半句。

殷勤买酒谢西山，惭愧山光开我颜。

鬓丝浑为催科白，尘埃满胸独逷惜。

杨万里如实向朝廷上奏，申请减免奉新县的赋税，总算让百姓渡过了难关。当他再次探望西山时，感觉眼前苔花明亮，西山正用一路的美景，欢迎他的再次光临。随后，杨万里升任为国子博士。离开奉新县后，当地人民为他建了生祠，以感谢这位给他们活路的好官。

(四)

1171年，杨万里一家抵达临安后，忠义之士胡铨和陈俊卿被赶出了朝廷。杨万里得知后，第一件事就是把路费存好，并告诫家人不许多买一件东西，以免归乡时增加负担。不久，宋孝宗要任用奸佞张说担任军务要职。

张栻力争不可，范成大作为中书舍人，拒不起草任命，两人因此被排挤出了朝廷。对此，杨万里无法容忍，上书质问官家和宰相。他说，张栻被赶走，是因为他以往的正直言论招致小人中伤，如今贤才蒙冤、小人得逞，你们却不主持公道，便写诗讽刺道："道旁小树复低枝，摘尽青梅肯更遗。偶尔中间留一个，且看漏眼几多时。"

他说一树好果子被摘完了，将来谁都没有好果子吃。一介芝麻小官竟敢插手朝政？杨万里的言论轰动了朝野。

宋孝宗没有处罚杨万里，反而还把他升为太常寺博士。面对浩荡皇恩，杨万里全力开杠。他越级上札子给宋孝宗，大谈税赋问题："臣闻保国之大计在结民心，结民心在薄赋税，薄赋税在节财用。节财在陛下而已。"

他还谈论立法问题，表示立法不如守法，守法要从官家做起。官家你几度违背祖宗的决定,任用奸佞、提拔外戚,法治从何谈起?对此,能看得下去的,宋孝宗就批复一下,看不下去的,就已读不回。

1177年,五十一岁的杨万里被外放常州。他就上书请求做祠官,也就是拿俸禄但不赴任的闲官。

这个时候,杨万里再次陷入了纠结。既然官家不听忠言,为什么不彻底辞官呢?既然现在没有饿肚子,为什么还要贪恋俸禄呢?百般思量,不知如何是好,此时传来子规鸟不如归去的叫声,杨万里找到了答案。

甲午出知漳州,晚发船龙山,暮宿桐庐二首·其一

道涂奔走不曾安,却羡山家住得闲。
记取还山安住日,更忘奔走道涂间。

回到家乡之后,杨万里终日走在田间,一日,他在荷塘前驻足很久,回家后便写下了一首《小池》。家,再一次治愈了游子的心,也让杨万里的诚斋体走向成熟。

小池

泉眼无声惜细流,树阴照水爱晴柔。
小荷才露尖尖角,早有蜻蜓立上头。

（五）

对于杨万里的辞呈，朝廷没有批准。在出任常州知州的路上，杨万里翻阅过往的诗集，发现从焚烧诗稿以来，十四年才写了五百八十首诗。除了公务繁忙，最大的原因还是没有跳出前人窠臼，只在灵感勃发时才偶有佳作。

到了常州以后，他十四个月写了四百九十二首诗。他每天下午待同僚散去、庭院空旷之时，便拿着扇子"步后园，登古城，采撷杞菊，攀翻花竹"。天地间任何微小的生命，都能引起他丰富的联想。于是，"万象毕来，献予诗材"，他发现原来作诗一点都不难。那一年常州风调雨顺，杨万里作诗也就更有兴致了。一日，他在花园中，蹲在地上看蚂蚁搬家，便有了这首《观蚁二首·其一》：

观蚁二首·其一

偶尔相逢细问途，不知何事数迁居。
微躯所馔能多少，一猎归来满后车。

好奇心让杨万里找回了童心。

戊戌正月二日雪作二首·其二
梦回纸帐怪生寒,童子传呼雪作团。
已被晓风融作水,头巾不裹起来看。

在疯狂作诗的同时,杨万里在常州留下了很好的政声,于1181年被升任为提点广东刑狱公事。随后潮州的沈师发动农民起义,杨万里亲自带兵镇压,历时三个月,全胜而归。宋孝宗收到捷报后,称他"仁者有勇",并特赐直秘阁贴职以示荣宠。而这时,杨万里的继母病亡,他即将启程回家。各州郡长官听闻后,纷纷送来了赙仪,而杨万里将这四千多两白银如数退回。

三年守制期满,杨万里被朝廷召回,前往临安任吏部员外郎。刚刚安顿下来,他马上给尤袤写诗道,我住的地方太漂亮啦,我被这里的花迷到不行了。晚上更是花影浮动,让我无法集中精力读书。这么好的地方我怎能独享呢?不如,你也过来住吧,我们一起花前风流、一起养老好不好?

在《鹤林玉露》中有这样一段记载,尤袤管杨万里叫"羊子",而杨万里管尤袤叫"蝤蛑",这是浙江地区对青蟹的叫法。一日,两人和诗友游玩西湖之后豪饮欢歌,席上正好有一盘羊肠和青蟹,尤袤就夹起一块羊肠,说,羊子,你的花花肠子好不好吃?杨万里则不露声色地夹起一块青蟹,说,羊子还有肠子给大家品尝，而此公，连根肠子都没有。

随后，杨万里遇见了阔别几十年的陆游。除了范成大卧病在家，南宋四大诗人在临安欢聚一堂。宴席上，张滋命家中的歌姬舞女拨弄管弦，歌舞佐酒。

陆游应歌姬新桃的请求，为她在团扇上题诗，"梅花自避新桃李，不为高楼一笛风"，诗中巧妙融入新桃二字，赢得全场欢呼。陆游和新桃喝了一杯又一杯，直至东倒西歪，醉卧海棠。

杨万里为陆游写下："是醉是醒君莫问。好个海棠花下醉卧图，如今画手谁姓吴。"陆游虽然放浪形骸，自号"放翁"，心里却满是无法收复故土的遗憾。杨万里虽然生活检点，举止严谨，但他的心中是一片充满诗意的乐土，就像盛夏的西湖。

晓出净慈寺送林子方

毕竟西湖六月中，风光不与四时同。

接天莲叶无穷碧，映日荷花别样红。

（六）

1187年，太上皇赵构崩了，又无端搞出很多事情。按照当时的礼制，赵构的灵位要供奉太庙，还要让已故大臣同享祭祀。洪迈未与众臣商议，私自拟定名单，公布后众声哗然。于是，杨万里上奏《驳配飨不当疏》，表示配享太庙就是为了表明朝廷的政治态度，是用来告诫人们，应该以什么样的人为榜样。名臣张浚未得配飨，却混进去一个附和秦桧、杀害岳飞的奸臣，未来应该效仿秦桧，还是张浚、岳飞呢？洪迈此举无异于"指鹿为马"。杨万里同时骂了两个人，把洪迈比作赵高，把宋孝宗比作秦二世。宋孝宗气得直发抖，怒斥杨万里"直不律中，性情狂狷，不守中道，不堪大用"。最终，宋孝宗为了平衡各方舆论，把杨万里和洪迈双双赶出了朝廷。

杨万里安顿好家人，独自赴筠州上任。有一天晚上，他梦见了东都洛阳的春天，写下了诗句："道是春来早，如何未见春。小桃三四点，偏报有情人。"

1189年，杨万里六十三岁，朝中传来消息，宋孝宗禅位给太子赵惇，也就是宋光宗。随后，杨万里再次被召回朝廷。金国的使臣要到"属国"来考察，杨万里负责接待。他乘坐官船沿着京杭大运河北上,第一次见到了长江。面对滔滔江水,杨万里心中的惆怅不停地翻涌。

过扬子江二首·其一

祇有清霜冻太空,更无半点荻花风。
天开云雾东南碧,日射波涛上下红。
千载英雄鸿去外,六朝形胜雪晴中。
携瓶自汲江心水,要试煎茶第一功。

外交工作和煎茶又有什么关系呢?

原来在扬子江畔的金山上,建有一座金碧辉煌的吞海亭,用于款待金国使者。只要金人在那里茶喝到满意了,使命就算完成了。对于杨万里而言,这真是莫大的刺激。

杨万里白天汲水煎茶,夜晚借酒浇愁。在八十天的行程中写下了三百五十二首诗,平均每天四到五首,一种难以名状的愁苦充满字里行间。他登上金山后,看到天地的气力汇聚在长江之中,势不可挡。金山屹立在江旁,不曾有一粒灰随风舞动,更不曾有一块砾石随浪潮而去。祖国的河山令人感到自豪,可是他们的主人呢?自称是敌人的儿曹,割地、赔款、纳贡,真是"大江端的替人羞,金山端的替人愁"。

回到朝中不久,杨万里就遭到了政治暗算。这一年朝中要为宋孝宗编撰日历,按照正规流程,日历的序应该由杨万里来写。

可是宰相留正偏偏插了一脚，也写了一篇。结果不出所料，杨万里炸了，在装订日历时撕毁了自己的序言，只放了留正的那一篇，并上书《自劾状》。他说，撰写序篇是我的职责，现在不被采录而让人重写，可谓我的失职，请官家给我严厉的处罚，以警告不称职的官员。

宋光宗退回了杨万里的奏状，表明整件事是宰相的错。可留正，就是赖着不走。于是杨万里再上一状，态度很明确，官家既然认为我没错，那么留正就应该走人；现在留正不走，就表明整件事都是我的错。我也不让官家为难，迈开大步自己走。宋光宗还是挽留，给杨万里升了官职。就在这个时候，太上皇出面了，拿出祖训教育了自己的儿子，于是杨万里被赶出了朝廷。

当时，很多正义的大臣为他叫屈，中书舍人倪思更准备抗命，拒绝起草贬谪杨万里的敕命。杨万里急忙写信劝阻，轻描淡写地说"死无良医"。他表示自己的臭脾气和这个朝廷都已经无药可救了。

随后，杨万里被贬为江南转运副使。他本想辞官，但宋光宗对他十分眷恋，使他进退两难。作为转运使，需要舟车劳顿地去各个州县考察民生，但这也让他有更多机会接近人民和自然，他的诚斋体也有了再一次的飞跃。在新市镇，杨万里在一家客店外，看到一个小孩追着蝴蝶在油菜花田里奔跑玩耍，于是，有了下面这首诗：

杨万里
如何在不可爱的时代，保持天真可爱

宿新市徐公店

篱落疏疏一径深，树头新绿未成阴。

儿童急走追黄蝶，飞入菜花无处寻。

（七）

到了1192年，杨万里收到尚书省的命令，要在他管辖的州县内发行新货币。并且规定老百姓持有的旧货币只能兑换百分之七十的新货币，这相当于百姓的钱贬值百分之三十。

杨万里一看就知道这是相当拙劣的敛财手段，当即回了四个字——恕不奉命。等接到贬谪任命时，宋光宗叫停新货币的文件也下来了，杨万里终于松了一口气，江南人民万幸，这一仗赢了。一个区区的四品官叫停了朝廷的政策，在宋朝没有，历史上也少有。

随后，他将任期内所收礼金一万八千万全部充作军费，向朝廷再上一道札子，称自己因病不能赴任，未等朝廷回复便租了一条船向故乡而去。在路上，杨万里立于船头高歌："青白不形眼底，雌黄不出口中。只有一罪不赦，唐突明月清风。"

回到家乡后，六十六岁的杨万里就规划起养老生活。他见过好友范成大家中园林有万顷之广，连尤袤家的也有十亩。他也想有一个花园，可以散散步，可没那么多钱。正好房子东面有一亩空地，他就自行设计，用花草树木的断横曲折铺设了九条小径，将花园命名为"三三径"，并写下了这首《癸丑正月新开东园》：

杨万里
如何在不可爱的时代,保持天真可爱

癸丑正月新开东园
长恨无钱买好园,好园还在屋东边。
周遭旋辟三三径,只怕芒鞋却费钱。

花园不大,也不豪华,可杨万里满心欢喜。随后朝廷批准他辞去赣州知州,让他以"玉隆万寿宫"的名义领一份祠禄,还升了官职。为此,杨万里上书向宋光宗表示谢意。写完之后,他觉得自己真的很可笑,又写下一首七绝。

有叹
饱喜饥嗔笑杀侬,凤凰未可笑狙公。
尽逃暮四朝三外,犹在桐花竹实中。

杨万里狠起来连自己都要怼。当官几十年并没有家财累积,两个儿子还没找到工作,又有一帮儿孙要养,他只能厚着脸皮再吃几年俸禄了。

到了1198年,朝廷还是以各种理由召他回朝。于是,杨万里上书请求致仕,朝廷不但不允许,还晋封他为吉水县开国子爵,食邑五百户,更让他的儿子蒙荫入仕。杨万里此时真的后悔多拿两年俸禄了。到了1199年,杨万里七十三岁,还是坚决不肯出山,朝廷也终于同意他致仕了。此时,杨万里心中释然,忽见窗前的树上停了一只沙鸥,他想对沙鸥说些什么,还没来得及开口,沙鸥已飞走。他想说,沙鸥啊,我已身不在官场,咱们都是江湖散漫之人,请不要再避开我了。

昭君怨·赋松上鸥

晚饮诚斋,忽有一鸥来泊松上,已而复去,感而赋之。

偶听松梢扑鹿,知是沙鸥来宿。稚子莫喧哗,恐惊他。

俄顷忽然飞去,飞去不知何处?我已乞归休,报沙鸥。

（八）

在人生的最后几年，杨万里一直都在与疾病作斗争。郎中劝他要好好养病、不要再作诗劳心，家人也日日监督他。但他还是"荒耽诗句枉劳心，忏悔莺花罢苦吟"。诗已经成为他生命的一部分，就连做梦也梦见，"也不欠渠陶谢债，夜来梦里又相寻"。

1205年，七十九岁的杨万里在一场大病初愈后，发现自己又能走入山林了，就自称"老夫犹是地行仙"。这年端午，杨万里感觉神清气爽，独自来到三三径走了好几回，回家后还想喝点酒，但子女们不肯通融。于是他拿出白居易的《香山集》逗着孙儿们和他一起读，随后写下一首《端午病中止酒》，没想到这是他人生的最后一首诗。

端午病中止酒

病里无聊赀扫除，节中不饮更愁予。

偶然一读香山集，不但无愁病亦无。

1206年的某一天，亲戚来看望杨万里，大谈宰相韩侂胄准备北伐收复失地。杨万里听得号啕大哭，让家人拿来纸笔写下："老而不死，恶况难堪。韩侂胄奸臣，专权无上，动兵残民，狼子野心，谋危社稷。吾头颅如许，报国无路，惟有孤愤，不免逃逸。今日遂行，书此为别。汝等好将息。万古！万古！"

写完之后，杨万里把笔狠狠地扔在地上，脑袋砸向几案就逝去了。死后，家人把他葬在了本乡乌泥塘，距家八百步。

杨万里的一生无论对自己还是对国家，都坚守住了一个"诚"字。"诚"是滋养人生的品质，或许也是因为"诚"，难免会遗憾、会孤独，甚至会挨饿。如果在真诚和妥协之间徘徊了，就回头来看看杨万里吧，他正在时间的那头大笑呢！

醉吟

古人亡，古人在，古人不在天应改。
不入三句五句诗，安得千人万人爱。
今人只笑古人痴，古人笑君君不知。
朝来暮去能几许，叶落花开无尽时。
人生须要印如斗，不道金槌控渠口。
身前只解皱两眉，身后还能更杯酒。
李太白，阮嗣宗，当年谁不笑两翁。
万古贤愚俱白骨，两翁天地一清风。

杜甫

幸福

人间冰冷残酷,却夺不走我的幸福

【题记】

　　大历三年正月初一，五十七岁的杜甫又在异乡度过了一个春节。按照惯例，他会在这一天写诗，可他的右手偏枯，连笔都难以握住。儿子宗武就捡起毛笔说，"父亲，你吟诗，我来替你写。"杜甫拒绝了。儿子看到父亲的手打战，泪流满面。杜甫用尽了全身的力气，写下了一行歪歪扭扭的字，"汝啼吾手战，吾笑汝身长"。他亲眼看着儿子一年比一年高，都十五岁了，也开始懂事了，作为父亲，杜甫感到十分欣慰。

　　他又转过头，目光落在了妻子身上，一块红色补丁上的刺绣特别亮眼，走近一看，才发现这是他们新婚之夜绣在被子上的图案。再看看妻子苍老的面庞，杜甫心里既感激又愧疚，听着窗外爆竹声声，思绪仿佛回到了二十七年前。

（一）

741年，三十岁的杜甫终于脱单了。家人为杜甫在河南老家买了房、安排好了婚事，他娶的是司农少卿杨怡的女儿，比杜甫小十几岁。

婚后，杜甫经常给妻子杨氏讲自己以前的故事。他说，我像你这么大的时候，就已经在岐王和崔九的府邸里舞文弄墨、诗酒歌赋了。别人都夸我的赋可以和扬雄媲美、诗可以和曹植等同。杨氏笑而不语，杜甫就继续手舞足蹈地讲下去。那时，他登金陵、下姑苏、渡浙江、游鉴湖、泛剡溪，甚至还准备好船只东渡去日本，可惜没有去成，否则他的诗就能打开海外市场了。

后来杜甫又给杨氏讲了"放荡齐赵间，裘马颇清狂"的日子，爬泰山、访隐士、骑马打猎、到处登高，和好几个兄弟一起来往驰骋，不下千里。杨氏听完后就笑道，你这段经历可以改编成一个故事，名字都帮你想好了，就叫"杜甫很忙"。杜甫听了哈哈大笑。

不久，杨氏发现杜甫是很可靠的男人，除了朋友间的应酬，几乎不怎么进出秦楼楚馆，寻花问柳。而且有了家庭之后，就回归传统的人生轨道，准备参加下一次科举。杜甫也开始奔走于洛阳的名流之间，希望能够得到他们的举荐，早日跻身仕途。但是一年多来，经历了很多尔虞我诈，并不是很顺利。

到了774年，杜甫兴高采烈地回到家中，自结婚以来，妻子还是第一次看到杜甫如此激动。

然而，万万没到，杜甫竟然兴奋地说，他今天遇见李白了。更出人意料的是，李白还答应带杜甫去采仙草、炼仙丹、找仙人。看着杜甫狂喜的样子，杨氏隐隐感到了一丝危机。

就这样，杜甫连续两年去找李白，他们的友谊也不断升华，"醉眠秋共被，携手日同行"，最后"飞蓬各自远，且尽手中杯"。之后，三十四岁的杜甫来到了长安，准备参加科举。也许是和李白玩得太尽兴，他的怪胆狂情又冒了出来。

（二）

那天正好是除夕，杜甫在客馆内无事可做，与朋友一起去了赌场。在那里，杜甫赢了一点小钱，但他觉得不太过瘾，就加大了筹码，结果把自己的盘缠全部输光。可杜甫不以为然，还写诗为自己辩解，"英雄有时亦如此，邂逅岂即非良图。君莫笑，刘毅从来布衣愿，家无儋石输百万"。

幸亏杜甫全部输光了，如果他多赢几次，这人间可能就少了一位诗圣，多了一名赌圣。

747年，杜甫三十六岁。唐玄宗为了展现"帝心引力"，加试一场，"诏征天下士人有一艺者，皆得诣京就选"。但是，权相李林甫上演了一出"野无遗贤"的闹剧，使参加该场的士子全部落榜。

科举之路行不通，但是没关系，杜甫还有京兆杜氏的人脉，就转走权贵之门，投赠干谒。于是，杜甫在长安"朝扣富儿门，暮随肥马尘"，妻子在老家等成了泪人。杜甫说初心不会改变，"葵藿倾太阳，物性固莫夺"，但他能给妻子的家用并不多。杜甫在长安吃着"残杯与冷炙"，妻子也节衣缩食，"到处潜悲辛"。又等了四年多，杜甫终于等来了中年危机，"四十明朝过，飞腾暮景斜"。他从长安市中心搬到了郊区,并自号"少陵野老"。

此时,唐玄宗为了庆祝找到"长生"的符咒,准备举行三场祭祀典礼,以此来谢天谢地谢祖宗。杜甫献上三大礼赋,唐玄宗一看,饭也不吃了,马上就临时出题。

这场考试在所有人的意料之外,但杜甫抓住了机会,迎来人生的高光时刻。"集贤学士如堵墙,观我落笔中书堂"。接着杜甫等到的回复是,"待制集贤院,参列选序"。

工作算是有着落了,杜甫就回到老家,准备把妻子接到长安。听到杜甫得官的好消息,想到以后不再两地分离,杨氏满心欢喜。前往长安的路上,杨氏看到"齐纨鲁缟车班班,男耕女桑不相失",到处都是商贸来往的车辆,男耕女织,秩序井然,一派盛世的景象。

在山上,她已经看到远处高耸的城楼,心想着,长安城到底有多么繁华呢?可到家之后,杨氏的长安梦碎了。住在荒郊野外、家徒四壁也就算了,自己好歹是大小姐,都没有进过厨房炒菜,现在竟然还需要亲手种菜,她的心情跌入了深渊。但杨氏还是忍了,她相信这一切都是暂时的,等杜甫有了工作,生活一定会好起来的。等着等着,等来的却是天灾。

754年的秋天,长安连下六十几天的雨,庄稼歉收,关中大饥,杜甫就把妻儿送到了奉先县。一路上雨幕茫茫,难以辨清牛马,只有小儿不知忧愁,还在风雨中戏耍。

(三)

杜甫生活在长安,还时不时能领到朝廷的救济米,妻儿却难以维持生计。一年后,杜甫终于等来了分配,正逢冬至假期,就急忙赶往奉先县与家人团聚。此时,杨氏的首饰盒已经见底,小儿子还在饿肚子,环顾四周,再也找不出可以换钱的东西,想找邻居去要一点吃的,推开门看到遍地都是灾民,回到家中,小儿子已经没有了呼吸。杜甫听到一阵酸楚的哭声,悲叹自己"所愧为人父"。

从《自京赴奉先咏怀五百字》开始,杜甫称呼杨氏为"老妻","老妻寄异县,十口隔风雪"。很多人认为,诗圣用老妻这样的字眼实在不够浪漫。其实杜甫是为了提醒自己,妻子才三十出头,为什么会看上去如此苍老?这是岁月的打磨,是生活的艰辛,更是亲眼看着儿子饿死造成的。这个并不浪漫的称谓隐含着杜甫深深的愧疚。

安葬了儿子,与家人相聚几日,杜甫就回到了长安。755年,安禄山以诛杨国忠为名在范阳起兵,不到两个月,攻陷洛阳,逼近潼关,不到三天的工夫,唐军二十万人全军覆没。战火很快烧到了奉先县,但杨氏没有选择逃亡,而是留在村子里等待,她相信丈夫一定会来。为了避开叛军，她每天带着家人东躲西藏。几十天后，杜甫终于出现，由于走得匆忙，全家人没有任何准备。每一次遇到路人，杜甫总会厚着脸皮去乞讨。夜深了，他们不敢走官道，只能走山野小路。他们挤在败兵与难民之中，打听下来，不见一个准备回家的人。

第二天，杜甫一家继续逃难，他牢牢地抓住妻子的手，不愿意再放开。小女儿饿得直咬他，杜甫怕被野兽听到，捂住女儿的嘴，女儿的哭声反而越来越大。小儿子故意说要吃苦李，以表示自己很懂事。逃亡的这半个月都是雷雨天，他们一家在泥泞中互相搀扶着行走，有时道路艰难，一天只能走几里路。饿了就以野果充饥，累了就以树下为住处。

随后，杜甫把家人安置在羌村，就准备去尽为人臣的义务了。妻子不明白，为什么丈夫做着八品的小官，却总是操着一品大员的心，但她尊重丈夫的选择。杜甫转身离去，不敢回头看身后的妻儿，他怕只要看一眼，他就不忍走了。于是，杨氏再一次担起了家庭的重任。

杜甫得知唐肃宗在灵武称帝之后，就准备一路北上，没想到半路遭叛军俘虏，被押送到了长安。由于他的官职不高，叛军并没有对他进行严格的看管。白天，杜甫潜行在曲江边，眼看繁华壮丽的京城变成废墟，曾经干谒过的那些达官贵人的阁楼庭院朱门紧闭，功名富贵顷刻间就没了，只剩下"城春草木深"。

面对这一切，杜甫只能"感时花溅泪，恨别鸟惊心"，无奈

"烽火连三月,家书抵万金"。又到了月圆之夜,回想起与妻子一起赏月的时光,便写了这首《月夜》:

月夜

今夜鄜州月,闺中只独看。

遥怜小儿女,未解忆长安。

香雾云鬟湿,清辉玉臂寒。

何时倚虚幌,双照泪痕干。

每一句都深情之至,可是很少有人会想到,在鄜州的月光之下,老妻正忍受着饥寒。小儿女调皮捣蛋,不知给她添了多少麻烦,为了弄点吃的累得要死,还要担心老杜会不会死。这一切都没有人分忧,只能一个人独自承受。她只希望战争快点结束,回家后,让杜甫把她的泪擦干。

但杜甫是懂得反省的,经过半年的分离,他后悔没有带着家人逃难,不知何时才能互通音信,很快又悟出一句人间真理:"世乱怜渠小,家贫仰母慈",让他在战乱的年代还有家可想、有家书可盼。

大军不断逼近长安,两军胶着之时,757 年,杜甫穿越前线,逃出长安,历尽千辛万苦终于抵达唐肃宗的行在——凤翔。当时,唐肃宗还广纳贤良之士,看到杜甫"麻鞋见天子,衣袖露两肘",感动坏了,就任命杜甫为左拾遗,皇帝身边的小谏官。

杜甫虽然见到了天子，却未能见到妻儿，他多次寄信回家，没有任何回音。这十几个月，妻子到底经历了什么呢？想到这里，杜甫"反畏消息来，寸心亦何有"，想回家看看，可是刚蒙受圣恩，又不忍开口。

于是，他的内心十分矛盾，方寸大乱，既盼望家书早日到来，又害怕带来的是坏消息。不久，杜甫因为疏救房琯得罪了唐肃宗，险些丢了性命。当杜甫再次进谏的时候，唐肃宗觉得不耐烦了，就道，算朕求你了，把年假休了吧。就这样，杜甫回家了。

一进家门，杜甫看到，妻子的衣服是用碎布缝补而成的百结衣。平日娇养的儿子满身污泥，打着赤脚，女儿已经长高了，裙子已经盖不住膝盖。家里的床帐被缝补得七弯八折，原来绣在上面的图案被缝补在旧衣服上。

老妻看到杜甫，是惊讶、惊奇又惊喜，这些日子，她曾不知多少次和孩子一起恸哭。此时她的眼中蓄满了泪水，却哭不出来，心中的委屈、满腹的牢骚、重逢的喜悦，在心中酝酿了好久好久，才大声释放出来。邻居听到哭声，都围了过来，看到杜甫活着回来，无不叹息感慨。

直到晚上与妻子相对而坐，杜甫才敢相信他真的回家了，"夜阑更秉烛，相对如梦寐"。他们对坐了很久，蜡烛换了好几次。杜甫拿出准备了很久的礼物。长期的辛苦与营养不良导致老妻面容消瘦、黯淡无光，所幸在涂上杜甫送的脂粉后面容一新，也让杜甫感到些许欣慰。

杜甫回到家后，又吐又泻，躺了好几天。在床上，他看到女儿已经开始学母亲化妆，把眉毛画得又粗又长，儿子没大没小，拉扯他的胡须，问他这一年到底去了哪里。重拾天伦之乐，让杜甫感到"那无囊中帛，救汝寒凛栗"。之后，杜甫再也没有和家人分开过，任凭命运颠沛流离，一家人始终整整齐齐。

757年11月，长安收复了，杜甫仍为左拾遗，就带着家人前往长安。老妻本以为能开始新的生活，没想到等来新的漂泊。杜甫因为曾经疏救房琯陷入了党争，被贬华州。离开长安时，他们骑马走出了金光门，杜甫和老妻一起回首看了看城内的千门宫殿，挥了挥手，告别他们的长安梦。

前往华州不到一年，杜甫就辞官了。之后，他们一家去了秦州，准备投靠亲友。在那里，他和老妻一起种菜、种瓜。可是那年冬天，他们的庄稼绝收，一家人饿着肚子离开秦州。在路上，老妻看到杜甫时不时拿出一枚铜钱看了又看，就很好奇地问杜甫一枚铜钱能做什么。杜甫回答，"囊空恐羞涩，留得一钱看"，这样才不会身无分文，遭人笑话。

后来，杜甫又带着家人从秦州迁到了同谷，可是没想到，这里的生活条件更差。为了吃饭，杜甫就出门捡橡栗、挖黄独，可到了晚上，杜甫带着一柄长铲回家，手上再无其他，只听见"男呻女吟四壁静"。老夫老妻相对叹息，再没有其他的声音。

（四）

经过两次失败的选择，杜甫没有沉溺于愧疚之中。他明白在乱世之中，文人很难保全生命的尊严，只有走入官场才有吃饱饭的可能。这时，他的好友高适、严武都在四川当官，那里远离战火，相对比较安稳。杜甫在多方打听之后，便下定决心，带着家人前往成都。

后来在好友们的帮助下，杜甫在浣花溪一带盖起了草堂。漂泊十几年后，一家人终于有了一座完整的房子。760年，杜甫四十八岁，为了让家人过得更好，他花尽了心思。没有能力办到，他就发起众筹。草堂四周要种植花木，他就写诗，"奉乞桃栽一百根，春前为送浣花村"。于是他家门口陆陆续续有了桃林、松林和竹林。没有餐具，他就写诗，"君家白碗胜霜雪，急送茅斋也可怜"。于是他家的餐厅就有了碗筷。

当杜甫听说南州出产一种小如拳头的猴子时，就特地央求人弄一只来给孩子们玩，"许求聪慧者，童稚捧应癫"。闲暇时"老妻画纸为棋局"，有时又与老妻"竹里行厨洗玉盘，花边立马簇金鞍"，风雅浪漫，其乐融融。

杜甫还会和老妻在成都的街头走一走，看到"黄四娘家花满蹊"就稍事停留。老妻挽着他的衣袖，两人一直走到浣花溪的尽头，坐在小酒馆的门口。老妻为杜甫倒一杯酒，杜甫为老妻夹一块肉。随后，他们又从成都的街头往家走，直到所有的灯都熄灭了，只剩下"野径云俱黑，江船火独明。晓看红湿处，花重锦官城"。

但这样的快乐是限时供应的，761 年一阵秋风刮破杜甫的茅屋，一场秋雨淋湿了他们的被褥，一家人都在挨冻。不久，杜甫的生活就陷入了困顿，故人的书信断绝，无人再供禄米，杜甫不得不外出谋生，"强将笑语供主人，悲见生涯百忧集"。

他出入于官僚之门，俯首低眉迎奉主人，这样的辛酸早就使杜甫的脸磨出了茧子。可连累家人一起受苦，让杜甫无法释怀。"入门依旧四壁空，老妻睹我颜色同。痴儿不知父子礼，叫怒索饭啼门东。"

763 年，朝廷收复了范阳，长达八年的安史之乱结束了，杜甫"初闻涕泪满衣裳"。他想向家人说些什么，但又不知从何说起，其实也无须说什么了，"却看妻子愁何在，漫卷诗书喜欲狂"。他马上就和妻子规划起了回家的路线："即从巴峡穿巫峡，便下襄阳向洛阳"。

可是这一年，杜甫送朋友一个个"下峡""归京""入朝"，却"自怜犹不归"。他不是不想回家，只是"万里须十金，妻孥未相保"。

764 年，严武多次邀请杜甫加入幕府，向朝廷举荐杜甫为检校工部员外郎。在幕府中,杜甫的同僚大多为逃难过来的士人,为了生存拉帮结派、排挤新来的人。他们表面上尊重杜甫,背地里却猜忌他。

唯一让他感到欣慰的是家人的关怀。老妻担心他的下肢麻痹症,还来信劝他尽量不要久坐。严武病逝后,杜甫再次失去了依靠,便带着家人离开,再次踏上流离的小舟,就像漂泊的沙鸥,不知下一站会停在谁家的枝头。

765年,杜甫一家沿着长江东行,一路上杜甫一直被头痛折磨。于是"老妻忧坐痹,幼女问头风",此时儿女都已经长大了,老妻能分出更多精力来照顾杜甫。

他们一路上走走停停,最后因为杜甫病情严重,只能停靠在四川夔州,上岸养病。在那里,杜甫的腿脚不好,就"儿扶犹杖策";耳朵听不清楚,就"呼儿问朔风";身上痒了,就"令儿快搔背,脱我头上簪";想写诗,就"呼儿觅纸一题诗"。

在家人无微不至的关爱下,杜甫虽健康状况每况愈下,但文思泉涌。在夔州,不到两年的时间里,杜甫写了下四百多首诗,是一生诗作的三分之一。诗的题材不断被扩大,他的七律也到达了后人难以企及的高度。看着儿子替他抄诗,老妻为他煎药,女儿帮忙洗碗,杜甫的心里既感激又愧疚。

后来,杜甫的弟弟杜观回到江陵,多次来信催促杜甫尽快还乡。于是,大历三年正月,杜甫决定回家了。但到了江陵之后,弟弟来信说去蓝田接妻儿,之后就再也没有出现过。杜甫就把谋生的希望再次寄托于官府,但每次都在一顿饭之后没有了下文。全家人"饥籍家家米,愁征处处杯",这是杜甫当初没有预料到的。所以他又开始后悔写下了一首《逃难》,总结他半生的流离。

逃难

五十头白翁,南北逃世难。
疏布缠枯骨,奔走苦不暖。
已衰病方入,四海一涂炭。
乾坤万里内,莫见容身畔。
妻孥复随我,回首共悲叹。
故国莽丘墟,邻里各分散。
归路从此迷,涕尽湘江岸。

770年,五十九岁的杜甫走到了生命的尽头,他放开了那双曾经紧紧握住的手。接下来的路只剩老妻一个人走。直到四十三年后,杜甫的孙子杜嗣业一路行乞,让爷爷奶奶一起魂归故里。纵使这一生有遗憾、有愧疚、有抱怨,此刻,故乡的月光已经擦干了两人思念的泪。

杜甫被后人尊为诗圣,被誉为千年明灯。但很少有人想到,这盏明灯能够光焰万丈长,是因为灯台是他的家人尤其是他的妻子。杜甫一生拙于生计,但他有贤惠的妻子,和他一起用尽全力让一家人整整齐齐。妻子跟着杜甫没有过上几天好日子,更谈不上什么浪漫，但他们做到了人间最浪漫的事，那就是天涯海角，同甘共苦，不离不弃，一起慢慢变老。也许对他们而言，家人在哪里，家就在哪里。所以，纵使人间对他们冰冷残酷，却始终夺不走他们的幸福，因为他们一直用手牢牢地握着呢！

李白

可泣

我学不会情绪稳定,
只想绽放自己的生命

【题记】

诗人一哭,要拉着所有人一起哭,更何况是诗仙李白。

如果再看一遍他的诗,就会发现,在"哭"这件事上,李白绝对不输杜甫。如果无法写尽自己的思念,李白会加一点眼泪。有些意难平说不出来,他就会直接哭出来。有时候实在哭不出来,他还会找人代哭。

李白的泪水,不是示弱,不是因为失败,而是对人间、对天地最深情的表白。李白的哭不仅不会损害他的形象,反而会使他的形象更加立体、更加真实、更加可爱。

（一）

727年，二十七岁的李白来到了安陆，之前他花光了三十万两黄金，却没有打开仕途，现在他将因为一段爱情，打通自己的泪腺。安陆有一姓许人家，是世代簪缨的望族，祖上是高宗时期的宰相，如今家中有一女尚未出嫁，就想招才俊之士为婿。于是，有人推荐了李白。离开家乡三年，李白四处奔波，不但功业未成，反而钱袋空空，这段婚姻或许是李白最好的际遇。

婚后，李白发现妻子许氏是美丽多情而又很有艺术修养的女子，在李白眼里，她"扬眉转袖若雪飞，倾城独立世所稀"。春日里，李白"拂花弄琴坐青苔"，许氏轻唱阳春白雪。在夏天，李白折荷花赠美人，许氏"攀荷弄其珠"。秋日，他们泛舟荡漾，美人与美景让李白即使无酒也陶醉，最后竟然忘记归去。后来李白写下《山中问答》，这样形容他的浪漫时光："问余何意栖碧山，笑而不答心自闲。桃花流水窅然去，别有天地非人间。"

但是这样的悠闲，对李白的人生而言极其有限。娶名门之女可以获得顶级的人脉资源，但又承担了一种义务，李白必须以自己的成功提升许氏家族的地位。他是暂住在妻子家中的，在功未成、名不就时，难免感到寄人篱下的痛苦。所以，这样的生活，反而让李白对功名的渴望更加强烈了。婚后，李白一直以安陆为中心，漫游襄阳、江夏、汝州等地，遍谒王侯，希图仕进。李白上书安州裴长史，没有结果，但他觉得没关系，"何王公大人之门，不可以弹长剑乎"，接着继续远行，来到了长安。可是离家越远，李白对妻子的思念就越深，于是提笔写信："本作一行书，殷勤道相忆。一行复一行，满纸情何极。"

他本想写一封短信以表相思之情，只是纸虽尽，情难尽，无论怎样写都难以诉尽深情。李白在与妻子分别期间写下《寄远十一首》等赠内诗，为了缓解思念的痛楚，他还模仿妻子的口吻写下不少代赠内诗，以此想象妻子看到他书信后的样子。

寄远（节选）

天末如见之，开缄泪相续。
泪尽恨转深，千里同此心。
相思千万里，一书值千金。

即使才高如李白也有深情难诉的时候，只能"遥将一点泪，远寄如花人"。可是三年过去了，李白"十谒朱门九不开"，只好满怀失望地离开长安。回到安陆后，李白日日把自己泡在酒里。一天清晨，李白酒醒之后，看到正在身边服侍的妻子，心中埋藏已久的愧疚再也无法抑制，便写下了这首《赠内》：

赠内

三百六十日，日日醉如泥。

虽为李白妇，何异太常妻。

这首诗仿佛道出一个人间真理：像许氏这样的女子，嫁给谁都是贤妻良母。而有一些男人，娶了谁都不会是好丈夫。

之后，李白以隐士的身份四处活动，文章一篇比一篇精彩，但结果都是已读不回，许氏也就在这种等待中去世了。那些对妻子还没有说完的话，李白都哭了出来。

代寄情楚词体

君不来兮，徒蓄怨积思而孤吟。

云阳一去已远，隔巫山绿水之沉沉。

留余香兮染绣被，夜欲寝兮愁人心。

朝驰余马于青楼，怳若空而夷犹。

浮云深兮不得语，却惆怅而怀忧。

使青鸟兮衔书，恨独宿兮伤离居。

何无情而雨绝，梦虽往而交疏。

横流涕而长嗟，折芳洲之瑶华。

> 送飞鸟以极目，怨夕阳之西斜。
> 愿为连根同死之秋草，不作飞空之落花。

"酒隐安陆，蹉跎十年"，于是在 737 年，李白带着两个孩子离开了这个伤心的地方，这一年李白三十七岁。

（二）

到了742年，四十二岁的李白终于通过内推入职翰林，成为皇帝的贴身秘书。他仰天大笑着走出了家门，昂首挺胸地走进了官门。唐玄宗初见李白，以"七宝床赐食，驭手调羹以饭之"。很快，李白就飘了，感觉"君王赐颜色，声价凌烟虹"。如果翻开李白在长安三年写下的诗篇，不难发现，他对于自己所受的礼遇，不但没有什么不满，反而是引以为荣的。

直到被流放夜郎之后，他还这样说："昔在长安醉花柳，五侯七贵同杯酒。气岸遥凌豪士前，风流肯落他人后。"那为什么在这样踌躇满志之时，李白会被流放呢？

因为刚入宫不久，李白调笑同事、谑浪公卿，大步驰骋在幻想的青云之路上，用最快的速度，把自己变成了边缘人物。可是谁敢怼李白呢？吵不赢，只能给他罗织罪名。

可是什么样的罪名可以不用证据就让唐玄宗相信呢？那就是宫廷八卦，唐玄宗最不能容忍的就是自己有丑闻。于是，有人就天天在皇帝耳边吹风："李白斗酒诗百篇，篇篇都有您的八卦逸闻"、"他在长安市上酒家眠，逢人就说皇家密辛"。根据李白日常的举动，要让玄宗相信李白是守口如瓶的人，几乎没有可能。所以后来玄宗说李白"不能不言温室树。恐掇后患,惜而逐之"。

后来,李白自己也说"能言终见弃,还向陇西飞",这里的"能言"不是指能言善辩,而是说自己出言不慎,犹如能言的鹦鹉,虽无心学舌,却泄露了内廷机密,因此被皇帝舍弃。

面对皇帝的疏远,李白一边感到愤怒和屈辱,一边又是期待与留恋。如果现在走,多年的心血就将付之东流;想进一步又无人可诉、无人可信。进退失据、万般无奈,心中的委屈难以名状,他就借宫女的泪抒发心中的幽怨。在这一时期,李白写下了大量的宫怨诗,比如:

玉阶怨

玉阶生白露,夜久侵罗袜。
却下水晶帘,玲珑望秋月。

怨情

美人卷珠帘,深坐颦蛾眉。
但见泪痕湿,不知心恨谁。

李白借弃妇之泪来抒发自己不能言说的痛苦,最后他终于控制不住自己的情感,把所有的心声都哭了出来。

玉壶吟

烈士击玉壶,壮心惜暮年。

三杯拂剑舞秋月,忽然高咏涕泗涟。

凤凰初下紫泥诏,谒帝称觞登御筵。

揄扬九重万乘主,谑浪赤墀青琐贤。

朝天数换飞龙马,敕赐珊瑚白玉鞭。

世人不识东方朔,大隐金门是谪仙。

西施宜笑复宜颦,丑女效之徒累身。

君王虽爱蛾眉好,无奈宫中妒杀人!

可是这样没完没了地感伤又有什么用呢?还是走吧!快点走吧!他抬头看到旌旗在风中摇摆,就像一片被束缚的波浪,若不能直挂云帆,这旗杆便不值得留恋,就斩断绳索,随风去吧!"安能摧眉折腰事权贵,使我不得开心颜"。李白走出了宫门,"挥涕且复去,恻怆何时平",只是梦碎了一地,不知道心中的哀伤什么时候才能平息。这一年,李白四十五岁。

（三）

745年，李白离开长安后，来到了梁园（原为西汉梁孝王所筑的园林）。这里是中原的繁华地区，靠近东都洛阳，是入长安的必经之地，进京的官吏、名流都会在这里聚集，李白就是在这里认识杜甫和高适的。他在这里一方面随时打听朝廷的动向，另一方面结交权贵，希望重回长安。

但结果，让李白不仅再次体会到了世态炎凉，更感觉到大唐要凉。从友人口中得知一连串惊人的消息后，李白这才发现玄宗并没有传说中的礼贤下士，而是"珠玉买歌笑，糟糠养贤才"。

正直的士大夫被奸臣谗害致死，而斗鸡走狗的小人青云直上，滥事屠杀的武夫更是气焰熏天，于是，李白痛骂李林甫"白鹭亦白非纯真，外洁其色心匪仁"。

李白听说唐玄宗轻动干戈，逞威边远，把几万良家子视为蝼蚁，导致边关"乌鸢啄人肠，衔飞上挂枯树枝。士卒涂草莽，将军空尔为"。而那些正义的大臣又在哪里？"君不见李北海，英风豪气今何在？君不见裴尚书，土坟三尺蒿棘居"。

但是，写了这么多有什么用呢？不过是"吟诗作赋北窗里，万言不直一杯水"。就在几年前，李白与友人分别时很少流泪，如今他一次比一次哭得厉害。"去国难为别，思归各未旋。空余贾生泪，相顾共悽然"。李白觉得自己和贾谊都发现了国家潜藏的危险，却没有能力去挽救。

之后，李白自云阳乘舟北上，看到大批民夫在夏季拖船运石的惨状，于是用饱含血泪的笔墨写下了这首千古名篇。

丁督护歌

云阳上征去，两岸饶商贾。

吴牛喘月时，拖船一何苦。

水浊不可饮，壶浆半成土。

一唱都护歌，心摧泪如雨。

万人凿盘石，无由达江浒。

君看石芒砀，掩泪悲千古。

从事开凿和船运的人数以万计，把磐石运送到北方只是为了给达官贵人修建宫室园林。而磐石广大，采之不尽，统治者的穷奢极欲给人民带来无穷的痛苦，让人民千古掩泪悲叹。

但李白永远都是少年，在见识了世道的浑浊之后，依然有勇气去改变这一切。五十一岁那年，他将目光转向了北方。

赠何七判官昌浩（节选）

不然拂剑起，沙漠收奇勋。

老死阡陌间，何因扬清芬。

李白写了一首诗，寄给在幽州的友人何昌浩，表明了他的心意。何昌浩很快就邀请李白去边塞。

此时的幽州，安禄山已在磨刀霍霍，占领了北方十一州的土地，见中原"武备堕弛，有轻中国之心"。为了迎合玄宗，建立"战功"，这年秋天，安禄山"将三道兵六万"，无端向契丹发动战争，结果大败，造成了士兵的大量伤亡。

得知真相后，李白乐观、昂扬的歌声戛然而止，按剑的君主、连云的战旗、锐不可当的兵威在他的诗歌中统统消失了，眼前只剩下一座酷寒的地狱，弥漫着永恒的黑暗，一个哀哀哭泣的少妇，在狂啸的北风中诉说着无尽的长恨。

北风行

烛龙栖寒门，光曜犹旦开。

日月照之何不及此？惟有北风号怒天上来。

燕山雪花大如席，片片吹落轩辕台。

幽州思妇十二月，停歌罢笑双蛾摧。

倚门望行人，念君长城苦寒良可哀。

别时提剑救边去，遗此虎文金鞞靫。

中有一双白羽箭,蜘蛛结网生尘埃。
箭空在,人今战死不复回。
不忍见此物,焚之已成灰。
黄河捧土尚可塞,北风雨雪恨难裁。

国事已到这般田地,唐玄宗已无可救药,即使冒死上书也无济于事,不得已,李白只有远走高飞,去找避乱的桃花源。但在临行之前,李白徘徊留恋,将不能说又不忍不说的话倾泻于笔端。

远别离

远别离,古有皇英之二女,乃在洞庭之南,潇湘之浦。
海水直下万里深,谁人不言此离苦?
日惨惨兮云冥冥,猩猩啼烟兮鬼啸雨。
我纵言之将何补?
皇穹窃恐不照余之忠诚,雷凭凭兮欲吼怒。
尧舜当之亦禅禹。
君失臣兮龙为鱼,权归臣兮鼠变虎。
或云:尧幽囚,舜野死。
九疑联绵皆相似,重瞳孤坟竟何是?
帝子泣兮绿云间,随风波兮去无还。
恸哭兮远望,见苍梧之深山。
苍梧山崩湘水绝,竹上之泪乃可灭。

写到这里,李白不禁悲从中来,痛哭失声。他在即将远游之际,感到自己一生的理想终成泡影,好像古代神话中的湘妃一样,望穿秋水,不见伊人。这哭不尽的泪,是湘妃的泪,也是李白的泪,更是千古忠臣的泪。

（四）

755年，安禄山起兵范阳，其势犹如长鲸在海洋横行，呼吸之间淹没了河北，直扑洛阳和潼关，而唐玄宗脚底抹油，跑得比谁都快。五十六岁的李白直奔吴地避乱，但没有就此归隐，而是在等待报国的机会。

扶风豪士歌（节选）
抚长剑，一扬眉，清水白石何离离。
脱吾帽，向君笑。饮君酒，为君吟。
张良未逐赤松去，桥边黄石知我心。

李白一心等待着捷报，可听到的都是噩耗。哥舒翰兵败潼关，洛阳失陷，陈陶四万义军全军覆没。

大唐的土地上，"汉甲连胡兵，沙尘暗云海"，"白骨成丘山，苍生竟何罪"。天下苍生被战火烧光了希望，很多人在流亡，大地也在他们的脚下烂出溃疮。李白在豫章目睹了人民应征入伍的情景，他也想手提宝剑踏上战场，但他的一片热情得到的反应是冷漠的，他只能"拔剑击前柱，悲歌难重论"。

豫章行

胡风吹代马，北拥鲁阳关。

吴兵照海雪，西讨何时还。

半渡上辽津，黄云惨无颜。

老母与子别，呼天野草间。

白马绕旌旗，悲鸣相追攀。

白杨秋月苦，早落豫章山。

本为休明人，斩虏素不闲。

岂惜战斗死，为君扫凶顽。

精感石没羽，岂云惮险艰。

楼船若鲸飞，波荡落星湾。

此曲不可奏，三军鬓成斑。

　　之后，唐玄宗下诏令诸子分领天下节度使，牵制已经称帝的太子唐肃宗，顺便回击安禄山。永王李璘自江陵起兵，招募士兵数万人，迅速成为长江流域的一大势力。757年，在途经浔阳时，李璘对李白下了三次辟书，将其召入幕府。五十七岁的李白以为自己像诸葛亮一样等来了刘备，他立于船头高歌，"宁知草间人，腰下有龙泉。浮云在一决，誓欲清幽燕"。李白只想拯救人民于战火，却没想到这些皇子和太上皇都心存私念。

　　此时，长江流域未受战乱波及，相对稳定，是安禄山和唐室的必争之地。面对老父亲的安排，肃宗没有坐以待毙，他命李璘回蜀地觐见太上皇，可是李璘手上有兵，心中不慌，拒不从命。肃宗就命高适为淮南节度使，镇压了这次"叛乱"。李璘兵败后，向南出逃，中途被杀。

李白也因"附逆得罪"，被捕入浔阳狱。可李白不认为自己有罪，反而觉得自己还有用，还希望为平定安史之乱发挥自己的才能。于是，他替中丞宋若思写了一篇把自己推荐给肃宗的文章，希望朝廷"收其希世之英，以为清朝之宝"，"拜一京官，以光朝列"。可最后，李白被判定为"十恶"之首的"谋反死罪"。

在寸草不生的牢门前，李白独自一人，痛苦难以排解，便哭道："南冠君子，呼天而啼。恋高堂而掩泣，泪血地而成泥。"后来经人援救，最终改为流放夜郎。于是，一叶扁舟溯江而上，李白醉卧舟中，竟产生了"愿结九江流，添成万行泪"的奇想。

因关中大旱，朝廷宣布大赦。经过长期的辗转流离，五十八岁的李白终于重获自由。他随即顺着长江而下。李白乘船归去时山重水复，可一旦靠岸，便不愿在人海沉浮。纵然有万重山的阻隔，他依然会选择逆流而上。

早发白帝城

朝辞白帝彩云间，千里江陵一日还。
两岸猿声啼不住，轻舟已过万重山。

在玄宗时期成了逐臣，到了肃宗时成了罪臣，一般人早就放弃仕途了，可他是李白啊，放弃是不可能的。后来，六十一岁的李白听说李光弼将率兵出镇临淮，回家后把宝剑擦得雪亮，把矛戈拴上红缨，跨上一匹老马，准备把这副老骨头抛在沙场，但走到半路，就因病折回了。李白只得感叹："天夺壮士心，长吁别。"

759年，李白来到了宣城，日日去一位姓纪的老翁处买酒喝，一个擅酿，一个善饮，两人成为知音。但有一天，这位老翁突然死了，李白得知后，大哭一场，写下这首诗：

哭宣城善酿纪叟

纪叟黄泉里，还应酿老春。
夜台无李白，沽酒与何人？

诗中只有一个问句，却蕴含李白无尽的追问：他们能懂你的酒吗？如果不懂，卖酒给他们又有什么意义呢？

（五）

762年，李白六十二岁，因为病重已经无法踏上旅途。那年春天，李白昏花的老眼中忽然映入一片红色，仔细一看，原来是杜鹃花开了，和当年蜀地的杜鹃花一样红，他的乡思也因此被触动，他用颤抖的双手写下："蜀国曾闻子规鸟，宣城还见杜鹃花。一叫一回肠一断，三春三月忆三巴。"

他五岁就随父亲迁入蜀中，在那里生活了整整二十年。巴山蜀水养育了他，峨眉山月陪伴着他。也常闻子规声声，也常见杜鹃朵朵。这些场景不知曾多少次在李白的梦中萦绕。可如今事业没有归宿，连此身也无处寄托，只能遥望着千里之外的故乡。

之后，李白一直卧病在床，不知不觉听到寒蝉在枝上号叫，这才知道已经是秋天了。他勉强起身，看到大雁告别了海滨，燕子辞别江楼，各自回到自己的家乡。萧萧秋风卷起了尘沙，茫茫云雾萦绕着江洲。天边的黄云结成了暮霭，河中的白水扬起了寒流。一年又要过去了，李白悲叹着时间真的不够用了，可自己的才能未尽其用。走到生命的尽头，又添了一个新的遗憾。

临终歌

大鹏飞兮振八裔，中天摧兮力不济。

余风激兮万世，游扶桑兮挂左袂。

后人得之传此，仲尼亡兮谁为出涕。

临终之前，李白多么想找到一个真正理解自己的人，让这个人为他痛哭一场。

一千多年过去了，每次翻开他的诗集，我依然感动不已。我能够看到他想笑就仰天大笑，想哭就涕泗滂沱。他为妻子痛哭流涕，他为朋友长歌当哭，他为苍生掩泪悲泣。他学不会情绪稳定，只想绽放自己的生命。

他曾幻想扶摇直上九万里，可盛唐容不下他的才气。他对功名的渴望毫不掩饰，但不会为权贵低下头去。他说天生我材必有用，至死都没有怀疑过自己。他是"反贼"，曾经被流放千里，但他坚信大唐还会崛起，坚信自己还有用武之地——这就是李白的浪漫主义。

他兴酣落笔，诗成笑傲凌沧洲。他举起酒杯，与尔同销万古愁。他说走就走，一生好入名山游。他心系苍生，不见长安使人愁。他少年轻狂，老亦轻狂，始终热泪盈眶。

他绣口一吐，就是半个盛唐！

白居易和元稹

君蜜

想拆散我们?下下下辈子都不可能!

【题记】

元稹和白居易的关系真是好到没话说，所以他俩的故事真是不忍心拆开来说。

就像白居易所言，"况以胶漆之心，置于胡越之身"，"进不得相合，退不能相忘"。他们相识三十年，相见少，相思苦，只能用诗来填补。他们一生写诗唱和近千首，把彼此的生命轨迹紧紧连在了一起。

元、白二人如此深情，有什么力量能拆散他们吗？

答案是"没有"，甚至连死亡都不能。元稹说过，"直到他生亦相觅，不能空记树中环"。

这到底是一种什么样的感情呢？

南宋的杨万里怀疑道："再三不晓渠何意，半是交情半是私。"这到底是友情、爱情还是私情呢？我们不妨先来看看他们的故事、读读他们的诗吧。

白居易和元稹
想拆散我们？下下下辈子都不可能！

（一）

元、白二人定交是在802年，那时白居易三十一岁，元稹二十四岁，在长安的一次诗会上，他们"所合在方寸"。随后一年，他们同登"书判拔萃科"。与生命中最重要的一个男人同年登科，白居易到底有多激动呢？他后来这样说，"忆昔封书与君夜，金銮殿后欲明天"。

他们不仅"身名同日授"，更是"心事一言知"。元稹说自己是杜甫的铁粉，白居易表示，俺也一样。白居易说，我为了写诗，"口舌成疮，手肘成胝"；元稹也伸出手道，俺也一样。元稹说，我父亲死得早，全靠母亲教导，少年时过着半饥半饱的生活；白居易点头道，俺也一样。好像除了白居易比元稹大七岁，两人没有不同的地方。

没过多久，元、白二人被同时任命为秘书省校书郎，不仅一起上班，工作之余更是形影不离。他们"有月多同赏，无杯不共持"。他们流连于花前月下，"征伶皆绝艺，选伎悉名姬"。他们纵酒风流，"狂歌繁节乱，醉舞半衫垂"。在任校书郎的三年时间里，元、白二人"几时曾暂别，何处不相随"，如同失散多年的手足，连白行简看了都怀疑自己的出生了：敢情你俩才是兄弟？

后来，在一次文人聚会上，元稹讲了他朋友张生的故事，李绅在一旁听得入迷，就为张生的情人崔莺莺写了一首《莺莺歌》，元稹在此基础上写成传奇《莺莺传》，杨巨源看完后，写下《崔娘诗》。后来，陈鸿和白居易根据唐玄宗和杨贵妃的故事，分别写下传奇《长恨歌传》和《长恨歌》。从此，传奇与诗歌相辅相成，造就了文学创作的新篇章。

两人笔下的张生与唐玄宗，虽然一人是布衣，一人贵为天子，但如果两篇作品结合着看，就会发现元、白二人对爱情有共同的思考，也有相同的质疑。

比如张生为仕途抛弃莺莺，玄宗为帝位处死杨贵妃，是否都是始乱终弃？张生视崔莺莺为"尤物祸水"，白居易笔下的杨贵妃是否也是一样？帝王能拥有真正的爱情吗？士人的婚姻只能是世俗化的人际关系吗？《莺莺传》是不是元稹的纪实性自传？《长恨歌》有没有影射白居易与湘灵的爱情？这些问题不仅被讨论了一千多年，更影响了后世戏曲、小说的创作。

一歌一传，很快就让元、白二人深受百姓的喜爱，他们却说"时之所重，仆之所轻"，他们还有更重要的事情要做，因为此时的大唐已经病得不轻。

（二）

安史之乱过后，宦官气焰嚣张，不仅掌握兵权，还有废立皇帝之权。藩镇割据一方，削弱了中央集权，还时不时带兵进京给皇帝制造一点小惊吓。政治上，南方寒门庶族与北方世族对立，渐渐形成朋党之争。朝廷为了平衡各方势力，唯一能做的就是苦一苦老百姓。

到了805年，唐顺宗李诵继位，他听从王伾、王叔文等士大夫的建议推行"永贞革新"，打击藩镇和宦官的势力。可是，李诵仅仅在位八个月，就因为藩镇和宦官的不满，被迫让位给太子李纯，也就是唐宪宗。而革新派的核心人物王伾、王叔文被杀，刘禹锡、柳宗元等人被贬为偏远地区的司马。

一年之内，元、白二人目睹大唐换了三位皇帝，朝中好友流落四方。他们虽人微言轻，但不会沉默。白居易曾在永贞革新时写下《为人上宰相书》，表示支持改革。众人被贬后，元稹写诗道，"遥闻不瞑目，非是不怜吴"，他同情革新派的南方士人遭到北方世族的打压，更把他们的策文抄录后日夜翻读。白居易还打趣说，微之，你箧中有不祥之物。可光有政治热情是不够的，还必须有成熟的政治思想与执政能力。

不久，元、白二人校书郎任期已满，按照唐朝的制度，必须重新参加考试，才能分配工作。于是，两人携手走进长安华阳观，"攻文朝矻矻，讲学夜孜孜"，揣摩当代时事，研究农业、经济、军事、文化等，为的就是"指病危言，不顾成败，意在决求高等"。之后，白居易写成了《策林》七十五篇，元稹也写下大量策论。他们逐渐从文友变成了政治上的盟友。

走出华阳观时，两人相视一笑，白居易道，"养勇期除恶，输忠在灭私"，元稹说，"佞存真妾妇，谏死是男儿"。

806年，元、白二人再次同年登科。白居易授周至县尉，元稹由唐宪宗钦点授左拾遗，成为皇帝身边负责进谏忠言的言官，这个职位向来被认为是通往宰辅之位的跳板，但元稹用力过猛，不到三个月就把这块"板"跳断了。他上任当日就上疏论政，从太子的教育问题一直谈到西北边防。随后，元稹因为反对宰相的儿子补缺官员，遭到忌恨，最后被贬为县尉。

唐朝的贬官在接到诰命后必须次日启程。白居易连告别都来不及，只能道"勿云不相送，心到青门东"。后来，白居易回到长安，去了往日的酒馆，喝着往日的酒，找来往日的歌伎，只是元稹不在身边，往日的快乐便不复存在，真是"同心一人去，坐觉长安空"。

谁知祸不单行，元稹被贬不久，母亲就病逝了，只得去官回家守丧。白居易身不在长安，就嘱咐家人帮忙照顾元稹，还拿出一半俸禄帮助元稹渡过难关。

（三）

幸运的是，在809年，宰相裴垍念元稹才学出众，提拔他为监察御史。同时，白居易也被调回京城，任翰林学士。随后，元稹出使东川。这是元、白的第二次分别。

临行前，元稹对白居易说，"愿为云与雨，会合天之垂"，他刚出长安，就在驿站的墙上看见白居易的诗，便道"我到东川恰相半，向南看月北看云"，他把这些诗句一遍一遍细细读来，仿佛白居易就在身边。

但元稹偶尔也会抽空想想妻子韦丛，就写了一首情诗。

使东川·望驿台

可怜三月三旬足，怅望江边望驿台。
料得孟光今日语，不曾春尽不归来。

白居易得知后，便以韦丛的口吻给元稹回了一首诗。

望驿台

靖安宅里当窗柳，望驿台前扑地花。

两处春光同日尽，居人思客客思家。

元稹给韦丛写情诗，白居易替韦丛回情诗，这一来一往你侬我侬的，而韦丛始终都是旁观者。

但是，让元稹一往情深的不止有白居易和妻子，还有他的使命。到了东川以后，他发誓"剑劚妖蛇腹，剑拂佞臣首"。于是拔出利剑指向剑南节度使严砺，此人仗着当年护驾有功，入川后就以平叛为由征收当地八十八家资产，又借朝廷之名向农民提前征收三年的课租。

元稹到任后，为百姓申冤，将严砺搜刮来的土地、钱粮归还，废除了额外的赋税；随即上书弹劾当地官员，与之牵连的七个刺史都因此受到处罚。

对于元稹的大胆举措，白居易赞叹道："其心如肺石，动必达穷民。东川八十家，冤愤一言伸。"接着，元稹又举报山南西道的官员枉法贪赃，使当地的观察使和刺史都受到了处罚。这一来，他惹恼的人更多了，就被调离长安、派到洛阳担任闲差。可元稹并未屈服，自称"擘肘回头项难转，人人共恶难回跋"，又弹奏了数十件不法之事，干脆把能得罪的人都得罪了一遍。

此时，白居易任左拾遗，见元稹对权贵以棘手摧之，也不甘落后，便想以笔墨摧之。他认为文人笔下不能只有风花雪月而忘记民生疾苦，便提出"文章合为时而著，歌诗合为事而作"。当时，李绅写了二十首讽喻时事的乐府新题，元稹和了其中的十二首，白居易见了二人的诗作，受到启发，写成新乐府五十首和《秦中吟》十首，从大唐封国、安史之乱一直写到当代时事，反映了唐朝近两百年间政治、经济、边防等方面的重大问题。

当时，宦官炙手可热，穷奢极欲，喝的是"樽罍溢九酝"，吃的是"水陆罗八珍"，当他们吃得脑满肠肥时，白居易却写下"是岁江南旱，衢州人食人"。

即便如此，官员们还是大肆搜刮民脂民膏，农民没钱缴纳租税，只能抵押桑树、出卖土地，此中辛酸，真是"虐人害物即豺狼，何必钩爪锯牙食人肉"。宦官借由"宫市"的名义"一折购"，公然拉走烧炭老翁一车千斤重的木炭，只给了"半匹红绡一丈绫"，卖炭翁无可奈何，伫立在风中，"可怜身上衣正单，心忧炭贱愿天寒"。

这些钱去了哪里？大部分进了官员私库，一小部分进了国库，白居易见状便写下"夺我身上暖，买尔眼前恩。进入琼林库，岁久化为尘"，如今到处都有饿死的人，这些钱财却在府库被化为尘。

由于他的诗歌连不识字的老婆婆都能听懂，所以在民间广为流传。但这并不是白居易作讽喻诗的目的，他想"惟歌生民病，愿得天子知。未得天子知，甘受时人嗤"，希望以此补察时政、泄导人情，乃至当面指出皇帝的错误。同时，他与李绛等人一同进谏，奉劝皇帝减轻赋税、拣放宫女、禁止掠卖良人等。

后来，他写信告诉元稹，他的《秦中吟》让权豪闻之变色，

《乐游原》让执政者扼腕叹息，《宿紫阁村》让握权者咬牙切齿。元稹听闻后，表示要"讽兴当时之事，以贻后代之人"。他受到新乐府与《长恨歌》的启发，写下了长篇叙事诗《连昌宫词》，大胆探讨"太平谁致乱者谁"。同时，还有张籍、杨巨源、张祜等等，他们一起把新乐府的题材扩大，一起为人民写诗。

（四）

810年，元稹在洛阳弹劾违法官员房式，以八品小官的身份将三品大员拘禁，剥夺了房式的一切权力，自己取而代之。对此，唐宪宗极为不满，罚了元稹三个月俸禄，并将其召回。同时，元稹又迎来另外一个打击——妻子韦丛突然病亡。他饱含心痛地写下一首诗：

空屋题（十月十四日夜）

朝从空屋里，骑马入空台。尽日推闲事，还归空屋来。
月明穿暗隙，灯烬落残灰。更想咸阳道，魂车昨夜回。

妻子死后，家中只剩元稹一人，难掩心中悲痛。当初元稹忙于仕途，韦丛为了生计，不得不为人缝补衣物来贴补家用。他们结婚七年，五个儿子全部夭折，仅剩一个女儿健在。如今元稹月俸已过十万，妻子无福消受，只能用来请高僧为妻子超度。他把希望寄托于来生，这只会换来更深的绝望。白居易见元稹日益消沉，写下《答骑马入空台》：

答骑马入空台

君入空台去，朝往暮还来。我入泉台去，泉门无复开。
鳏夫仍系职，稚女未胜哀。寂寞咸阳道，家人覆墓回。

元稹沉吟独行，不知不觉已经到了敷水驿站。正巧一群宦官随后赶到，听说上房被元稹所占，就手提马鞭径直闯入，将元稹的行装扔到屋外。见元稹仍拒绝搬出，宦官手起鞭落，元稹寡不敌众，只好跃窗而逃。事后，唐宪宗听信宦官谗言，反斥元稹"少年后辈，务作威福"，将他贬为江陵士曹参军。白居易在朝堂上大声疾呼，"今中官有罪，未见处置；御史无过，却先贬官"，"陛下错！陛下错"。

元稹出发的那一天，白居易当班不能远送，两人在长安街上匆匆道别。何以慰藉好友之心？唯有以诗言志。白居易便把新诗二十卷送给了元稹。半路上，元稹夜宿曾峰馆，在月光下看到满树桐花，便想起了白居易，想起他们在金銮殿呈递奏章、在青龙阁登高抒怀，可事与愿违，两人越离越远。想着想着，清风中桐花的香气逐渐微弱，不知不觉已是残花满地，元稹便赋诗一首寄给了白居易。

与此同时，白居易正在家里计算元稹的行程，心想为什么还没有元稹的消息？掐指一算，他应该已经到商山了吧？如果他在路上写诗给我，应该也快到了吧？想着想着，白居易就睡着了，他"梦中握君手，问君意何如。君言苦相忆，无人可寄书"，突然,他被敲门声吵醒,原来是邮差送信来了,白居易就想,会不会是元稹的信呢?于是"颠倒着衣裳",一看果不其然,马上点起灯来,"一章三遍读,一句十回吟。珍重八十字,字字化为金"。

后来,白居易担心元稹,就隔空劝酒:

劝酒寄元九(节选)

况在名利途,平生有风波。
深心藏陷阱,巧言织网罗。
举目非不见,不醉欲如何。

元稹却回信反问:

酬乐天劝醉(节选)

美人醉灯下,左右流横波。
王孙醉床上,颠倒眠绮罗。
君今劝我醉,劝醉意如何。

乐天,你不要太担心我,我好着呢,等我回来一定让你把我灌醉。

不久,白居易左拾遗任职期满,唐宪宗考虑到他资历尚浅,且家境不宽裕,便给他选官的机会。白居易请求任翰林学士兼京兆户曹参军,元稹得知后,来信祝贺,"永愿凌青云"。可好景不长，一年后，白居易的母亲因看花坠井而亡，白居易和弟弟必须去官还乡。同年，对元、白二人仕途关照有加的裴垍去世。偏偏在这时，白居易的女儿金銮子得了急病，不满三岁就夭折了。这一连串的打击使白居易几近崩溃，一病不起。

之后，元稹为白居易的母亲撰写祭文，并与白居易定下生死之契，"坚同金石，爱等弟兄"，还拿出了自己一半积蓄帮助白居易渡过经济危机。白居易感激不尽，写了一首诗。

寄元九（节选）

三寄衣食资，数盈二十万。
岂是贪衣食，感君心缱绻。
念我口中食，分君身上暖。

白居易和元稹
想拆散我们？下下下辈子都不可能！

（五）

815年，白居易丁忧期满回到了长安，没过多久，元稹也回来了。两人携手同游，高声问答，吟诗唱和，你一句、我一句，二十余里不绝于耳，旁人根本无法插上话，仿佛长安城只有他们两个人。

一个月后，柳宗元、刘禹锡也回来了，长安城更热闹了。这帮人个性鲜明，十年贬谪蛮荒，却未减轻狂。在游玄都观时，刘禹锡写下"玄都观里桃千树，尽是刘郎去后栽"，暗指朝廷新贵在打压永贞革新后尽情绽放。"语涉讥讽"，"桃树"可忍，"栽树人"不可忍。唐宪宗本来就是靠打压永贞革新上位的，这些"前朝罪人"蒙受圣恩还心怀不满，他是无法容忍的。

进宫待命的那一天，他们无不怀揣美好的希望，结果却等来了无情的外放。他们步入大殿，不见皇帝，只见宰相武元衡手持诏书宣读。柳宗元贬柳州，刘禹锡贬播州，元稹因为与刘、柳二人关系过于密切，不久也被贬通州。

临行前，白居易送元稹到长安城外，在蒲池村"酒语诗情替别愁"，可是酒喝完了，话还没说完，天却亮了。元稹"一身骑马向通州"，而白居易走到城门，残酒方醒，就想起了元稹，顿时

"万重离恨一时来"。

五个月后,宰相武元衡在街上遇刺身亡,同日,御史中丞裴度也遭遇暗杀。刺客还放出狂言,若有人敢调查此事,必死。此前,武元衡和裴度正部署讨伐藩镇,刺客是谁?不问可知。可朝中大臣不敢言语。

事发当日,白居易就上书议论捕杀刺客,可他忘了,自己身为东宫文官不得参议朝政。这一举动立刻被人抓到把柄,不仅指责他越职言事,还诬陷他有不孝之罪。他们说,白居易的母亲因看花坠井而死,可他在守丧期间,还写下《赏花》和《新井》两首诗,简直是无德无行。在宵小恶语的包围中,白居易被贬为江州刺史,但朝中的人还是不依不饶,声称白居易这样"道德败坏"的人不配治理一郡,于是宪宗又改授他为江州司马。

以诗文出名,又以诗文获罪,白居易觉得自己活该,第二天便向江州而去。

一路上,他"每到驿亭先下马,循墙绕柱觅君诗",此去江州,自长安经商州这一段正是元稹当时的西归之路。白居易想找的不只是元稹的诗句,更是两人共同的悲剧命运。

而此时的元稹在到达通州不久后便感染了疟疾,一度卧榻不起,病重之时,他没有时间顾及其他事,只收集几包诗文并交代,日后,若我有不测,就以这些诗代替书信送交白居易。白居易在舟中收到了元稹寄来的诗和卷轴,便点灯慢慢品读。

舟中读元九诗

把君诗卷灯前读,诗尽灯残天未明。
眼痛灭灯犹暗坐,逆风吹浪打船声。

元稹得知白居易被贬江州后,感觉眼前一暗。

闻乐天授江州司马

残灯无焰影幢幢,此夕闻君谪九江。
垂死病中惊坐起,暗风吹雨入寒窗。

后来,白居易回信道,"垂死病中惊坐起"这句诗,就是不相干的人看了都会感动得不忍再看,何况是我呢?到现在每次看到它,心里还凄凉难忍。元稹一收到白居易这封信,还未拆开便失声痛哭,妻子和女儿还以为又有什么不好的消息,也跟着哭。后来一看信封,马上就明白了,能让元稹如此激动的,也就只有白居易了。元稹马上就回复了一首诗:

得乐天书

远信入门先有泪,妻惊女哭问何如。
寻常不省曾如此,应是江州司马书。

后来白居易又来信了：

梦微之十二年八月二十日夜
晨起临风一惆怅，通川湓水断相闻。
不知忆我因何事，昨夜三回梦见君。

元稹回复这封信：

酬乐天频梦微之
山水万重书断绝，念君怜我梦相闻。
我今因病魂颠倒，唯梦闲人不梦君。

就这样，元、白的诗信不断来往于通州与江州，被后人称为"通江唱和"，"江南人士里巷相传，为之纸贵"。这是两人继《莺莺传》与《长恨歌》、新乐府运动之后创作的第三座高峰。

友情的力量让元稹再一次振作起来。不久，通州刺史离任，元稹有了代职理政的机会，他带领当地百姓垦荒扩地，改善田地管理，督导农事生产。后来的《达县志》称："通州以元稹闻名"，元稹走后，通州人民为了纪念他，还设立了元九登高节。

到了818年，白居易接到量移诏书，他和弟弟一起前往忠州。沿长江而行，途经夷陵峡口时，他徘徊四望，深感长夜寂寂、前路漫漫。此次调动意味着他将重回朝廷，但并未引起他多大的热情，只道"忠州好恶何须问，鸟得辞笼不择林"。

与此同时，元稹改任虢州长史，也取道长江，停在了夷陵。阔别四年，他乡遇故知，元、白二人憋了一肚子的话，一夜怎能说尽。第二天，元稹掉转船头，坚持送白居易一程。眼看就要靠岸了，两人还是不忍分手，就彼此牵引着船在江上漂荡。当他们喝到尽兴之时，突然发现山崖上有泉水涌出，便下船上岸，循着水声发现一处山洞。他们在洞内流连忘返，不知不觉已是云破月出，元稹便感叹，"吾人难相逢，斯境不易得"，于是围绕篝火促膝谈心，至晨曦渐明，仍不能杯停言尽。

他们意外相逢，意外发现三游洞，最后又不出意外地各奔东西。

（六）

820年，唐宪宗暴毙，宦官拥护李恒为帝，是为唐穆宗。回到长安后，白居易任主客郎中，元稹任中书舍人，负责起草制诰，相当于为朝廷发布官方声明。这一纸文书，不但影响朝廷与官员之间的关系，更影响着史籍的撰写。但是到了中唐，制诰变得内容空洞、修辞浮夸，甚至还成为党争的工具，用来攻击政治对手，损害了朝廷的权威。

元、白二人便对制诰进行大胆改革，相当于重塑了皇帝和朝廷的形象，《旧唐书》称，元稹"辞诰所出，然与古为侔，遂盛传于代"，他以古文写制诰，富有文学性，后人纷纷效仿。

巧合的是，后来白居易升任中书舍人，任命的制诰正是出自元稹之手，他用皇帝的口吻把白居易好好夸奖了一番。"朕尝视其辞赋，甚喜与相如并处一处"，唐穆宗确实也看重白居易，视他为"寡人之司马相如"。

之后，白居易迎来了一连串的好事，不仅升了官，还在长安买了房，堂弟白敏中进士及第，白行简任拾遗。可此时白居易偏偏辞去朝中所有职务，请求外放，这是为什么？

原来，在822年，他的两位老朋友，元稹、裴度一起升任宰相。史书载，"诏下之日，朝野无不轻笑之"。此时的元稹，准备了一系列的政策，以图挽救国运，可结果他连自己的命运都无法掌控，就连名声也保不住了。

据现代学者吴伟斌考证，"元稹和裴度并肩为相，对李逢吉重谋相位构成极大障碍。他便利用元稹和裴度之间的矛盾，指使党羽传谣，把元稹委派于方施计解救前线将领牛元翼这件事，说成元稹买凶刺杀裴度。元稹成了犯罪嫌疑人。穆宗却诏李逢吉、韩皋、郑覃审理此案。此三人均与元稹对立，元稹遭受无端诬陷，已做了自杀鸣冤的最坏准备。此案终究查无实据，遂将于方等嫌疑人流放荒蛮之地"。元稹才任宰相四个月，就与裴度双双被贬，而李逢吉阴谋得逞，平生第二次做了宰相。

当时，更有人为了坐实元稹的罪行，假冒白居易之名写下《论请不用奸臣表》。由于元、白名满天下，托名他们的诗文满天飞，有些篇目甚至真假难辨，所以白居易在晚年把所有的策论和制诰都编进了文集，并特别声明，"若集内无而假名流传者，皆谬为耳"。而这篇带有绝交意味的文章并不在他的文集之内。

后来，元稹一出京城，便写诗给白居易表明心迹。

寄乐天二首（节选）

荣辱升沉影与身，世情谁是旧雷陈。
唯应鲍叔犹怜我，自保曾参不杀人。

元稹连用曾参杀人和管鲍之交两个典故，就是为了告诉白居易：就算亲生父母都怀疑我，乐天你也一定要相信我。

然而这一切，白居易都无力挽回，举目朝堂之上，同道中人所剩无几。很快，他的外任请求得到批准，左迁为杭州刺史。他松了一口气，感叹"老逢不次恩，洗拔出泥滓"。

823年，元稹改浙东观察使，特地绕道杭州与白居易相会。过去的两年他们只能在梦中相见，今晚终于能"并床三宿话平生"。只可惜，三天时间很快就过去了。在送别的晚宴上，有歌女要唱元稹的诗，元稹连忙劝阻道，"休遣玲珑唱我诗，我诗多是别君词"，乐天啊！我对你的情谊，怎能出自他人之口？我写给你的诗，其他人又怎么会懂呢？

白居易便举杯道，"聚散穷通何足道，醉来一曲放歌行"。一杯又一杯，一曲又一曲，直到月亮西落，潮水涨平，两人又在江边挥泪而别。元稹对白居易说，"垂老相逢渐难别，白头期限各无多"，幸好，杭、越相隔不远，书信往来会比以往快一些。

远离朝廷的纷争，元、白二人终于有机会为百姓做点好事了。刚到越州，元稹就上书朝廷请求罢进海味，天子少吃一口海鲜，九万百姓免除了劳役。随后，他又实行了均田税，大大降低了农民的赋税，同时他还兴修水利、发展农业。

在不远的杭州，白居易带领民众疏通了西湖六井，以解决杭州人的饮水问题。又号召大家挖出淤泥，加高了原来的白沙提，成为西湖上的一道风景，又加大了西湖的储水量，使更多的荒田得到灌溉。后来，他又写下《钱唐湖石记》，将治理湖水的政策和方式刻石置于湖边，供后人参考。

两人在地方都颇有政绩，深得百姓爱戴。之后，他们不仅相互夸耀，更开始相互邀约。元稹写诗给白居易道，"我是玉皇香案吏，谪居犹得住蓬莱"，我这边有镜湖水秀、会稽山俊，如同仙境一般，乐天，你想不想过来和我一起住呢？

白居易回诗道，"知君暗数江南郡，除却余杭尽不如"，微之，你说你那里是仙境，是因为你还没来杭州来看过，不信你过来看看呀。

可元稹还是担心白居易，又写诗问道，"为问西州罗刹岸，涛头冲突近何如"，他表面上在问杭州潮头情况如何，其实是想问，乐天，我们当年的理想你还记得吗？

白居易便道，"谁知太守心相似，抵滞坚顽两有余"，江水波涛汹涌，罗刹石立于其中毫不动摇，微之，你放心吧，我一刻也不敢忘啊！

元、白频繁写诗唱和，一时忙坏了浙江的邮差。

到了824年，白居易要离开杭州了，他留下了自己的部分俸禄用于西湖后续的维护。元稹闻讯后，急忙从越州赶来，一路上听到百姓对白居易的赞誉,便在宴会上以杭州百姓的口吻向白居易告别,"路溢新城市,农开旧废田。春坊幸无事,何惜借三年"。北归的路上,白居易接到元稹书信,便感叹道"从此津人应省事,寂寥无复递诗筒",浙江的邮差们终于能好好休息一下了。

白居易和元稹
想拆散我们？下下下辈子都不可能！

（七）

晚年的白居易远离朝廷，在洛阳担任闲职，他对中隐的生活很知足，便自道"不劳心与力，又免饥与寒。终岁无公事，随月有俸钱"，他"遍寻山水自由身"，并自称"天下闲人白侍郎"。

829年，元稹由浙东观察使改任尚书左丞，白居易得知后，开始计算元稹的行程，特地新酿黄醅酒，等元稹经过洛阳时一起畅饮抒怀，可是"元九计程殊未到，瓮头一醱共谁尝"，从春到秋，酒香已经四溢，多年心事都藏在酒里，只愿与君共醉，微之！微之！到哪里了？

终于，时隔三年，两人再次会面。在时人眼里，元稹的名声越来越差，有人说他在越州和通州的时候，欺压百姓贪污了不少钱。但是最了解元稹的人还是白居易，他说："且喜筋骸俱健在，勿嫌须鬓各皤然。君归北阙朝天帝，我住东京作天仙。"他知道元稹的脾气，就算身败名裂，也不会放弃，不会像他那样作中隐，于是鼓励元稹有一番作为。面对老友的好言相劝，元稹只能频频举杯，直到"醉收杯杓停灯语，寒展衾裯对枕眠"。

第二天临别时，元稹写下一首诗：

过东都别乐天二首·其一

君应怪我留连久,我欲与君辞别难。
白头徒侣渐稀少,明日恐君无此欢。

两人的相聚太难得,离别自然难分难舍,何况两人早已白发苍苍,不敢说来日方长。

除了聚少离多,他们还有一个共同的遗憾,就是没有儿子。元稹曾道出他们共同的担忧,"天遣两家无嗣子,欲将文集与它谁"。之后,元、白共同编纂了他们的唱和总集,了却了一桩心愿,也将两人的生命轨迹紧紧连在一起,元、白二人也生生世世锁死了。

不成想到了829年,白居易五十八岁,元稹五十一岁,两人竟然在同一年老来得子,为他们冲淡了些许愁云。

不久,元稹再次回到长安,被任命为尚书左丞。他立即履行职责,与违法的朝臣交锋,一下子扳倒了七名郎官。之后,牛僧孺被任命为宰相,回朝之后立刻将元稹赶出朝廷,还在奏词中说元稹"素无检操,人情不厌服"。

这就是党争的可怕之处,除了会受到政治上的打压,人格也会被抹黑,平时累积的闲言碎语更会以书面形式流传于后世。可叹英才风流,总被雨打风吹去。就这样,元稹第四次被贬,与儿子阿卫相处不满一个月,便匆匆启程前往武昌。

临行前,他强忍着悲痛对妻子裴淑说:"嫁得浮云婿,相随即是家。"而远在洛阳的白居易心中早有预料,只可惜那坛好酒尚未喝完,微之已远去。

（八）

831年，白居易的儿子阿崔不到三岁便夭折。幼年丧父、中年丧妻、晚年丧子是人生最为不幸的三件事，白居易写诗给元稹，道出凄苦绝望的心情。

初丧崔儿报微之晦叔

书报微之晦叔知，欲题崔字泪先垂。
世间此恨偏敦我，天下何人不哭儿。
蝉老悲鸣抛蜕后，龙眠惊觉失珠时。
文章十帙官三品，身后传谁庇荫谁。

可是这一次，元稹不会再给他回信了。那时鄂州城内洪水滔天，酷热难耐，五十三岁的元稹突然中暑昏迷，一日之后便身亡了。

当元稹的棺木经过洛阳时，白居易是"六十衰翁，灰心血泪，引酒再奠，抚棺一呼"，之后他在元稹的祭文中写道："金石胶漆，未足为喻。死生契阔者三十载，歌诗唱和者九百章，播于人间，今不复叙。"

后来，白居易把元稹家人送来的润笔捐了出去，在洛阳城外重修香山寺。他还说，这些功德都属于微之，希望帮他消除灾祸、带来福报。我日日在此诵经，只求让你我二人下辈子能再相遇。

晚年的白居易有刘禹锡陪伴，结识了忘年交李商隐，组建了香山九老。这些朋友诗写得好，人也很有趣，唯一的遗憾就是他们不是微之。

白居易一直患有眼疾，老了更加严重，可他还会忍不住去翻元稹的诗集。虽然上面的字他看不清，但元稹写了什么，他铭记于心。曾经的书信往来真是热闹，可如今残灯下，只剩一位风烛残年的老人醉吟复病吟。

不知不觉，八年过去了，白居易生了几场大病，朝廷发生了甘露之变，又有几个朋友离世了，真是"耳里声闻新将相，眼前失尽故交亲"。那一夜，他又与元稹梦中相见，醒来之后，泪湿了手帕，也止不住内心的悲哀，便写下一首诗：

梦微之

夜来携手梦同游，晨起盈巾泪莫收。

漳浦老身三度病，咸阳宿草八回秋。

君埋泉下泥销骨，我寄人间雪满头。

阿卫韩郎相次去，夜台茫昧得知不。

虽然没有回答,但他还想问:"微之,微之!此夕我心,君知之乎?"

于是,风又吹来了历历往事,真甜!

陶渊明

苦乐

每一种人生选择,
都是痛并快乐着

【题记】

在任何一个时代，想爬上塔尖，不是努努力就能做到的，失败的是绝大多数。但是，在塔外散步更不容易，毕竟有勇气走出高塔的人是极少数，而陶渊明做到了，留下一个潇洒的背影。后人仰慕他，却不敢追随他。

翻开他的作品，会感觉到他不是在写诗，而是用最朴素的语言映照自己的心灵，在很多高言大论的作品面前，这种朴素真的很奢侈。陶渊明不是成功人士，但他从来不苛求、不将就、不抱怨。他总是淡淡地说，既然无法更进一步，就该想想怎样后退一步；无法融入人群，就该学会怎么退群；如果痛苦无法助力成长，就该学会直面和接纳自己。

但是，这样的人生选择真的能让自己快乐吗？

陶渊明
每一种人生选择，都是痛并快乐着

（一）

在陶渊明的诗文中，篇幅最多的是"酒"，所以，他给人的印象有点飘飘然，仿佛总是"忽与一樽酒，日夕欢相持"。其实，除了酒，陶渊明谈得最多的就是读书心得。

陶渊明很小就没了父亲，家道开始没落，他大部分时间在自学。"弱龄寄事外，委怀在琴书"，他心无旁骛，努力学习儒家经典，为将来出仕做准备。

他还很无私地向大家分享他的学习心得，"好读书，不求甚解，每有会意，便欣然忘食"。后来很多读书人都误解了这句话，以为大诗人读书都是浅尝即止，为什么要我背诵并默写全文？为什么要概括中心思想？为什么要总结段落大意？于是只做到了"不求甚解"，却做不到"欣然忘食"。

其实"不求甚解"中的"甚"字，一般是指"过分"的意思。魏晋时，儒学式微，删繁就简成为必然趋势，文人受到老庄思想的影响，纷纷追求"得意忘言"的境界。陶渊明自己也说"此中有真意，欲辨已忘言"。

"每有会意"，就像杨绛说的，"我们只是朝生暮死的虫豸，钻入书中世界，这边爬爬，那边停停，有时遇到心仪的人，听到惬意的话，或者对心上悬挂的问题偶有所得，就好比开了心窍，乐以忘言"。

这就和陶渊明喜欢弹无弦琴一样，"但识琴中趣，何劳弦上音"，如果你在旁边看着，他一定会回头问你，这位高人，猜猜，老夫刚才弹奏的是什么曲目？所以，后来陶渊明又自道，"忆我少壮时，无乐自欣豫"，学习的快乐原不在书与琴，言外之意、弦外之音足以让他欣然忘食。

陶渊明的读书范围很广，他不仅"游好在六经"，也爱看当时的异书，"泛览周王传，流观山海图"读完还会写读后感，比如"精卫衔微木，将以填沧海。刑天舞干戚，猛志固常在"。

肉体虽然遭到毁灭，但精神永远不可战胜，仍坚持不懈与强大的对手继续抗争。陶渊明正是因为读书"每有会意"，对这些神话和历史人物产生了共鸣，因此也听到了自己内心的声音。

陶渊明不仅喜欢在神游中幻想，还喜欢阅读自然，"见树木交荫，时鸟变声，亦复欢然有喜。常言，五、六月中，北窗下卧，遇凉风暂至，自谓是羲皇上人"。他一生都维持这种读书的习惯，直到临终前还"欣以素牍，和以七弦"。虽然他"历览千载书"，但表面上很平淡，甚至"闲静少言"，"弱不好弄，长实素心"，似乎不善与人交际，在衔觞赋诗的时候却抑制不住内心的小骚动。在年轻时，他曾写过一篇《闲情赋》，梁昭明太子萧统在《陶渊明集》的序中指出："白璧微瑕，惟在《闲情》一赋。"到底是什么样的赋如此唐突？

陶渊明在这篇赋中写了一位弹筝的美人,"神仪妩媚,举止详妍"。他难掩心中的激动,表达自己的爱慕之情,"愿在衣而为领,承华首之余芳;悲罗襟之宵离,怨秋夜之未央"。接着,他还要化成美人的腰带、发膏、席子、鞋子、影子等,只为了亲近美人。

不过,他许下的这十个愿望最终都未实现,只是徒添十悲。随着琴声消失,他清醒了过来,"傥行行之有觌,交欣惧于中襟;竟寂寞而无见,独悁想以空寻"。一个爱情故事戛然而止。

据袁行霈考证,这篇赋是陶渊明十九岁时所作,之后,他再也没有写过关于爱情的作品,只是在晚年回忆青春年华时这样说:"眷眷往昔时,忆此断人肠。"陶渊明内心丰富,表达又内向拘谨,所以,在走上仕途后,他感受到的现实比常人更加贫瘠。

（二）

陶渊明的五次入仕经历是很令人迷惑的。他明明说过，"少时壮且厉，抚剑独行游"，"猛志逸四海，骞翮思远翥"，雄心壮志都要从诗句里溢出来了，并且他把曾祖陶侃作为自己建功立业的楷模。但陶渊明敏感、细腻的诗人气质决定了他不可能成为那样的人。陶侃出身寒门，从小吏做起，常规做法是屈刚作柔，折节示人，慢慢累积自己的政治资本，善于抓住每一个机会。

但陶渊明把真与善放在首位，一旦碰到与理想背道而驰的情况，他选择的是退却而不是利用这样一个机会，以致误落尘网十三年，实际工作不到五年，大部分时间在闲居。

如果从诗文来看，陶渊明每次出仕的原因都只有一个，穷，这也是陶渊明生活的常态，贯穿了整本诗集。理解他的穷，要从两个层面上来解读。

一个是客观意义上的穷。陶氏虽然早已获得南方士族的门第身份，但经过陶渊明的爷爷和父亲，渐渐没落了，到了陶渊明，只能算素寒士人，成为庶民只需后退一步。所以陶渊明经常说的"余家贫""少而穷苦"，是相对于士族阶层而言的。

第二层意思就带有主观意味了。陶渊明描写的穷是很有画面感的,他常说"瓶无储粟","倾壶绝余沥",日子快过不下去了。

于是,在二十九岁时,陶渊明接受了地方上的征召,出任江州祭酒。那时他就说:"畴昔苦长饥,投耒去学仕。将养不得节,冻馁固缠己。"令人费解的是,都这么穷了,为什么陶渊明工作了没多长时间就辞职呢?

历史上一般认为是他领导的原因。江州刺史王凝之是正一道的忠实信徒,遇到大事就求神,后来孙恩发动起义攻入江州,王凝之就拜神祈求阴兵助阵,结果自己变成了阴兵。王凝之很器重陶渊明,三次召他做主簿。陶渊明没有以此为荣,反而说"是时向立年,志意多所耻"。

陶渊明为什么要以此为"耻"呢?这和他复古的农耕思想有关。在家闲居几年,陶渊明过上了"夫耕于前,妻耘于后"的生活。他在田地里有所感悟,写下了一首《劝农》,描述出一幅上古田园画卷。"卉木繁荣,和风清穆"、"桑妇宵兴,农夫野宿",民风已经淳朴到了"舜既躬耕,禹亦稼穑",但魏晋以来的士人一直"耻涉农商"。

然而"儋石不储,饥寒交至。顾尔俦列,能不怀愧",陶渊明忍受过贫穷,也从事过真正的农耕,在奢侈浮华的世风之下,他感到农务正在遭到荒废,淳朴的民风再也回不去了,官府却还在干本末倒置的事情,这是他不愿意留在官场的原因之一。可能有人会说,时代一直在变化,这种理想太过于脱离实际,但这正是陶渊明可爱之处。他不迷信经典和理论，而是相信自己眼睛看得见、内心能感受到的东西。但是他并不走极端、不批判人情是非，他只是觉得官场的思想和理论实在太高。他抬头望了又望，发现自己根本够不到，他现在唯一想做的就是把田种好。所以，后来他说"瞻望邈难逮，转欲志长勤"。

辞职之后的五年，陶渊明因为多次拒绝征召被人们认为有"隐德"，名气反而更加响亮。此时，大军阀桓玄在江陵开府建幕，自立为盟主。陶渊明"隐德"爆棚，自然也得到了招募。于是他在398年加入桓玄的幕府担任参军，这一年他三十四岁。比起王凝之，桓玄是极有野心的领导。在当时的职场，不怕领导让加班，就怕领导想造反。时间一长，陶渊明就发现，领导日理万机就是为了早日登基。就在进退两难之际，陶渊明的母亲去世了。他就借着回家奔丧的理由离开了桓玄的幕府，逃过了一劫。但对于洁身自好的渊明而言，曾为这样一个"乱臣贼子"工作，可能是他最后悔的事。

就在陶渊明回家守丧、躬耕田园的时候，桓玄攻入京都篡位。几个月后，刘裕举兵讨伐桓玄，快速攻入建康。陶渊明在家守孝不到三年，就被刘裕召入幕府任镇军将军参军。这个机会陶渊明很想抓住，"四十无闻，斯不足畏。脂我名车，策我名骥。千里虽遥，孰敢不至"。他放下平时所挂之杖，准备好行装，暂时离开了田园。一路上他的心情很矛盾，看到飞鸟和游鱼又不免深感惭愧，鱼、鸟各得其所，而自己偏偏违背本性，只能将田园之想留存于襟怀之中。姑且随着时运的变化向前走去吧,终有一天他会回到田园。

随后一年,刘裕消灭了桓玄,成了东晋最大的势力。领导升职了,提拔的都是自己嫡系的人,这些人也会提拔自己的人,陶渊明作为外聘人员,生存空间很狭窄。站队这件事,陶渊明做不来,也不会去做,所以只能被安排苦差事。他说:"伊余何为者,勉励从兹役。一形似有制,素襟不可易。"

就像鲁迅所言,陶渊明"乱也看惯了,篡也看惯了"。北方大片土地沦陷、各方势力角逐,东晋王朝就像一架老牛拉着的破车,行进在风雨凄迷的荒野上,这让陶渊明更加看清自己的方向。"终怀在归舟,谅哉宜霜柏",这个誓愿发得很重。但离职没有那么容易,还需要等待一个时机。于是陶渊明采取了一种过渡的方法,先改任建威将军刘敬宣的参军,再求为彭泽令,最后以表妹病逝为由辞官归隐,这一切,他用了将近一年的时间。

（三）

终于，在四十一岁那年的秋天，陶渊明冷冷地打量了一眼公堂，把大印放在了县衙大堂的公案上，挺着坚硬的脊梁，悲壮地大步走了出来。郁积已久的情怀如火山爆发般喷涌而出，他先吼一嗓子发泄一下："归去来兮，田园将芜，胡不归。"这句话带着激愤，有理想落空的惆怅，更有一丝无奈。

在陶渊明眼里，田园是人安身立命的根本，因为长期无人打理，已经杂草丛生，为什么还不回去？接着，他用深深的悔恨来考问自己，"既自以心为形役，奚惆怅而独悲"。陶渊明承认了自己的错误，就马上告诉自己，"悟已往之不谏，知来者之可追。实迷途其未远，觉今是而昨非"，陶渊明没有纠结太久，因为日子还要过下去。

他接着"载欣载奔"，回到家后，马上就"有酒盈樽"。打开窗就看到：

归园田居·其一（节选）
方宅十余亩，草屋八九间。
榆柳荫后檐，桃李罗堂前。

陶渊明
每一种人生选择，都是痛并快乐着

暧暧远人村，依依墟里烟。
狗吠深巷中，鸡鸣桑树颠。

陶渊明呼吸着自由的空气，长叹了一口气，"久在樊笼里，复得返自然"。

陶渊明所谓自然的生活，不是抚孤松、引壶觞、望白云，而是"衣食当须纪，力耕不吾欺"。陶渊明后来的诗文显示，他家不止这一处田产。他完全可以把田租出去，过上滋润的小日子。亦可以雇几个人来种田，享受小地主的快乐，而陶渊明选择了自己耕种。种田容不得自欺欺人，必须诚实地面对土地和自己，否则就要挨饿。

于是，他每天天不亮就起床，去田地为豆苗除草。午后，陶渊明坐在山间的一片石上，金黄色的菊花映照着他漉过酒的葛巾。夕阳西下，他肩上扛着锄头，为了多看一会儿风景，特地绕道而行。晚上，从多露的荒径带回一片明月。

陶渊明虽"性本爱丘山"，但他的种田技术很一般。纵使想坚持，可身体很疲惫。不过没关系，他不是有五个儿子吗？现在也差不多可以帮忙做农活了。但晚上回家一看，心凉透了：

责子（节选）

虽有五男儿，总不好纸笔。
阿舒已二八，懒惰故无匹。

> 阿宣行志学，而不爱文术。
> 雍端年十三，不识六与七。
> 通子垂九龄，但觅梨与栗。

对此，他不骂不责，心态相当平和，"天运苟如此，且进杯中物"，该作诗还作诗。虽然一个人耕种苦是苦了些，但比起带孩子，种田可真轻松呀。"代耕本非望，所业在田桑"，陶渊明这颗心算是和田园锁死了。

可是，人的心是躁动的，总在家与流浪中徘徊，会因倦飞而思归，又因久归而思飞。所以，他说自己是"栖栖失群鸟，日暮犹独飞"。"失群"是需要很大勇气的，代价就是"徘徊无定止，夜夜声转悲。厉响思清远，去来何依依"。

于是，陶渊明"提壶抚寒柯，远望时复为"。由于常年抚寒柯，青松多了一层包浆，也让陶渊明悟出了随波逐流就会被不堪的时事所淹没、鹤立于时局才能卓然峻峭。

陶渊明
每一种人生选择，都是痛并快乐着

（四）

408年，陶渊明四十四岁，一场大火烧毁了他的田园梦。由于住得离人群太远，没有邻居帮忙救火，家很快就被烧尽了。所以他后来搬到城郊的南村去住，那里邻居很多，又颇有谈得来的士人。归隐无非是想远离世俗、获得自由，但自由也可以在世俗生活中获得，陶渊明想通了这个道理。

杂诗十二首·其一

人生无根蒂，飘如陌上尘。
分散逐风转，此已非常身。
落地为兄弟，何必骨肉亲！
得欢当作乐，斗酒聚比邻。
盛年不重来，一日难再晨。
及时当勉励，岁月不待人。

生活中遇到高兴的事情，他就邀请邻居过来喝点小酒。快要喝醉了，他就对朋友说："我欲醉眠，卿且去。"看上去有点不近人情，但是后来李白读懂了，在后面接了一句"明朝有意抱琴来"。有一次老朋友颜延之来看望陶渊明,两人一起大喝其酒,临去的时候,颜延之给陶渊明留了二万钱,于是陶渊明就来到村口的酒家买酒。这样他才觉得受之无愧。

但是"敝庐交悲风,荒草没前庭",生活的窘迫总是把陶渊明的心拉回现实,能让他觉得"心远地自偏"的还得是酒。那时的陶渊明经常失眠,总是感觉黑夜如此漫长,"披褐守长夜,晨鸡不肯鸣",一整夜能和他相伴的就只有影子,于是"挥杯劝孤影"。他把人生的问题泡在了酒里,和影子一起探讨,"行止千万端,谁知非与是。是非苟相形,雷同共誉毁"。

人人惜其情。"有酒不肯饮,但顾世间名",这样的身后名在陶渊明眼里真不如生前的一杯酒。喝到最后,他不知道是影子太清醒,还是自己醉了,"醒醉还相笑,发言各不领"。

人生的意义到底是什么?人的心到底能走多远?沉醉又能归于何处?陶渊明把这些问题泡在酒里酝酿多年,喝起来可能有点苦涩,但是精神是愉悦的。酒让陶渊明的心越走越远,也滋养了他的田园梦,自然的真意、天地的境界,抬首可见。

饮酒·其五

结庐在人境,而无车马喧。
问君何能尔?心远地自偏。
采菊东篱下,悠然见南山。
山气日夕佳,飞鸟相与还。
此中有真意,欲辨已忘言。

后来，刘裕称帝，打着礼贤下士的旗号，让手下亲顾茅庐。陶渊明"隐德爆棚"，声名远扬，自然再次成为被笼络的对象。但陶渊明衣衫褴褛，站在茅屋之下，挥一挥酒杯，不回应任何招募。

饮酒·其九

清晨闻叩门，倒裳往自开。
问子为谁与？田父有好怀。
壶浆远见候，疑我与时乖。
褴缕茅檐下，未足为高栖。
一世皆尚同，愿君汩其泥。
深感父老言，禀气寡所谐。
纡辔诚可学，违己讵非迷。
且共欢此饮，吾驾不可回。

他说，我不合群已经很久了，不要再把我拉回去了。陶渊明想去哪里呢？他无法实现自己的社会理想，却创造出一个他理想中的社会，那就是桃花源。

（五）

羲皇之想是陶渊明生命中一个重要的情结。所谓的羲皇就是上古时期的伏羲氏，陶渊明曾多次在诗中提及，"羲农去我久，举世少复真。汲汲鲁中叟，弥缝使其淳"。陶渊明深信普通人的幸福生活只能在淳朴的社会环境下实现，桃花源正是陶渊明无数次幻想上古社会后创造出来的。

在《桃花源记》中，渔人"忘路之远近"而"忽逢桃花林"。桃花源距离现实社会只有咫尺之遥，但这咫尺之间是无法跨越的鸿沟。除非桃花源主动向世人敞开，"林尽水源，便得一山，山有小口，仿佛若有光"。象征着人心中一缕灵明之光，一度照耀过这个理想的国度。接着，渔人"复行数十步，豁然开朗"，在桃花源中所见和陶渊明的诗相近。当地人"相见无杂言，但道桑麻长"，"日入相与归，壶浆劳近邻"，"漉我新熟酒，只鸡招近局"，陶渊明把他的诗化作了桃花源中的场景。

渔人离开时"便扶向路，处处志之"，太守派人去寻，"遂迷，不复得路"。人的巧智与私欲使淳朴的社会消失了，这个理想的国度又自动封闭起来。

陶渊明对现实中存在桃花源不抱任何希望，所以桃花源只能停留在他幻想的世界中。于是,身在田园,心在桃花源,陶渊明真正实现了"心远地自偏"。

但是,"日月不肯迟,四时相催迫","气力渐衰损,转觉日不如"。随着年龄增长,陶渊明的劳动能力开始下降,加上偶然遇到天灾,青黄不接的日子也越来越多了。

有时候,就难免去朋友家借点钱,这时候陶渊明不善与人沟通的本质又暴露出来了。"饥来驱我去,不知竟何之。行行至斯里,叩门拙言辞",这首《乞食》仿佛让我们看到一个六十多岁的老头在出门借钱时还要做心理建设。

还好,"主人解余意,遗赠岂虚来",来都来了,再一起喝个酒吧,两人"谈谐终日夕,觞至辄倾杯。情欣新知欢,言咏遂赋诗"。这种人间真情可把陶渊明感动坏了,他说:"感子漂母惠,愧我非韩才。衔戢知何谢,冥报以相贻。"

427年,陶渊明六十三岁了,路走到了终点。临终前的两个月,好友颜延之一直在旁照顾,说陶渊明"视死如归,临凶若吉。药剂弗尝,祷祀非恤"。

面对死亡,陶渊明没有恐慌,还自己祭奠自己,写下了《拟挽歌辞三首》。陶渊明却以死者的视角,想象着儿女哭丧、灵前祭奠、出殡下葬的场景。他还写了一篇《自祭文》,顺便把追悼会也开掉了。因为只有陶渊明才最了解陶渊明。

他说自己断气之后,一定是"娇儿索父啼,良友抚我哭",但陶渊明觉得死亡是悲伤的结束。"得失不复知,是非安能觉。千秋万岁后，谁知荣与辱"。死亡就是生命彻底的结束，但也意味着人生的荣辱、是非、得失，全都消失了，终于不用再想了，真好！

陶渊明想明白了，也活明白了，可还免不了有些遗憾，"但恨在世时，饮酒不得足"。他想到自己快要死了，原来空着的酒杯斟满了美酒，供在灵前却无法消受，只能眼巴巴地望着，不知何时再得品尝。但是再仔细地想一想，谁又不是这样？"幽室一已闭，千年不复朝。千年不复朝，贤达无奈何"。"向来相送人，各自还其家。亲戚或余悲，他人亦已歌"。

陶渊明认为"死去何所道，托体同山阿"。最后，他交代家人，"不封不树，日月遂过"。

可是，陶渊明先生的愿望落空了。他的田园成了大家向往的生活，他的诗成了大家追求的风格，他的思想成了大家研究的对象。他还拥有了无数的粉丝，还给他贴上了很多的标签。陶渊明知道了这一切，会怎么样呢？是气愤、无奈还是高兴？我想他一定会面无表情地道出那一句："纵浪大化中，不喜亦不惧。"因为无论选择哪一种人生，成功也好失败也罢，热热闹闹又或者冷冷清清，都是一样的，都是痛并快乐着。

孟浩然

足矣

我任性,
只为这一生不虚此行

【题记】

　　生命就像一条河流，我们无力改变它的流向，也很难决定自己在某个岸边停靠的时长。

　　有时，遇上暗礁与急流，我们便开始觉得迷茫，是激流勇进，还是改变方向？

　　碰到这样的情况，如果打开唐诗，就会发现有一个人正在提醒：无论做什么选择，都不要错过沿途的风光。

　　他就是孟浩然。

孟浩然
我任性，只为这一生不虚此行

（一）

孟浩然出生于美丽的襄阳，那里"左右林野旷，不闻朝市喧"。由于靠着岘山，又临襄水，孟浩然的父亲便将宅院命名为"涧南园"。家里虽没有人当官，但"素产唯田园"，屋前有上百亩的荷塘，房后的几座山上有果园。

这让年少的孟浩然过上了颇为随性的生活，他最喜欢独自泛舟，来往于涧南园与鹿门山。河水曲曲弯弯，他就随着流水随意而行；时而见渔翁垂钓，时而闻樵夫高歌野调；接着把船停靠在野渡口，上岸寻访前人的足迹。读完纪念羊祜的碑文，他会神伤；看到庞德公的隐居处，他会心生向往。

直到"白云何时去，丹桂空偃蹇。探讨意未穷，回艇夕阳晚"。回家后，孟浩然"书取幽栖事，将寻静者论"。

到了春天，他时常被鸟鸣吵醒，起床之后，回想起昨夜的风雨，心中生出一丝闲愁，便写下了这首《春晓》。一片花飞，使孟浩然的心里泛起涟漪。风飘万点，他用了一生的时间，才找回平静。

孤身亦可登昆仑

春晓

春眠不觉晓,处处闻啼鸟。

夜来风雨声,花落知多少。

（二）

705年，十七岁的孟浩然参加县试，一举夺得高第。时任襄阳刺史的张柬之就邀请上榜的学子到家中做客。能见到自己的偶像，孟浩然兴奋异常，他们"谈笑光六义，发论明三倒"，诗酒对谈，兴致盎然，直到天明才散。但归来之后，孟浩然却郁郁寡欢，因为他得知自武则天退位后，张柬之就匡扶李显为帝，可李显竟然与韦后同朝问政。张柬之上奏称与妇人共政会国破家亡，因而遭到罢相，黯然还乡。

当孟浩然正在准备下一次考试的时候，张柬之再次被人陷害，流放泷州，死在黄尘古道之上。孟浩然认为身为襄阳学子不能保持沉默，就决定放弃参加科举，以表达对朝廷的愤怒与不满。孟浩然的父亲大发雷霆，族人和襄阳官员都上门相劝，可是众人的苦口婆心反而让孟浩然变得更加任性，喊出了一个响亮的口号，"文不为仕"。他说，读书只为明志，不是为了接近朝廷的虫豸。此言一出，在当时引起了不小的轰动。

就在孟浩然声名远扬的同时，一位歌女也在襄阳声名鹊起，她叫韩襄客，二八芳龄，生得水灵，歌声动听。韩、孟两人第一次相遇，就都把对方留在了心底。有一天，孟浩然终于鼓起勇气，面红耳赤地邀请韩襄客泛舟。没想到，韩襄客欣然应允。之后，轻舟在湖面自由往来，两人"倾杯鱼鸟醉，联句莺花续"。孟浩然对韩襄客讲述襄阳美丽的传说，一路游来，心神荡漾，不知不觉已是夕阳西下。看着韩襄客踏上码头的石阶，孟浩然不知道未来是否还有见面的机会，便感叹"良会难再逢，日入须秉烛"。

随着与韩襄客越走越近，孟浩然也开始变得忧心，一个书香之家的公子，一个弹唱卖艺的歌女，家里人绝对不会同意这桩婚事，真是进亦难，舍亦难。不久，韩襄客就回老家郢州了，孟浩然从码头回来，心中万般无奈，他再也抑制不住自己的情感，向明月发问，"佳期旷何许，望望空伫立"。

就在孟浩然万分焦虑之时，希望出现了。经过多方打听，在襄阳城内有个桓子，与孟老爷是文墨之交，又是韩襄客远方亲戚的故交。

孟浩然就上门央求桓子做媒，并隐瞒韩襄客曾经做歌女的经历。面对桓子的犹豫不决，孟浩然苦苦哀求。几个时辰之后，看到桓子点头，孟浩然才肯松手。有了桓子做媒，孟老爷很爽快地答应了这门婚事。几天过后，看着桓子代表孟家去郢州提亲，孟浩然开始期待，他说，襄客啊，你的诗我已收到，我的彩礼也很快就到。

送桓子之郢成礼

闻君驰彩骑，蹀躞指南荆。

孟浩然
我任性,只为这一生不虚此行

> 为结潘杨好,言过鄢郢城。
> 摽梅诗有赠,羔雁礼将行。
> 今夜神仙女,应来感梦情。

大喜之日将近,孟浩然的心趋于平静,但他的婚事有了波折。孟老爷为了全面了解未来的儿媳,就托郢州的朋友打听一下韩襄客,结果气得跺脚,于是带着族人、手提菜刀来到桓子家兴师问罪,桓子无奈,只能将前因后果全盘托出。回到家后,孟浩然跪在地上苦苦哀求,孟老爷却派桓子去郢州退婚。那年除夕,涧南园内毫无生气,孟浩然在屋内走来走去,听着爆竹声声无法入睡。

除夜有怀

> 五更钟漏欲相催,四气推迁往复回。
> 帐里残灯才去焰,炉中香气尽成灰。
> 渐看春逼芙蓉枕,顿觉寒销竹叶杯。
> 守岁家家应未卧,相思那得梦魂来。

过完春节,孟浩然又任性了,一个人跑去郢州,到韩襄客家里与韩襄客拜堂成亲了,一直等到韩襄客有了身孕,才回到襄阳。他想,生米都煮成了熟饭,孟老爷总该承认了吧?没想到,儿子倔,老子更犟,孟老爷直接回复,就算我入了土,也不认这个儿媳妇!

之后，父子间的裂痕日益加深，孟浩然觉得留在家里没什么意思，再去郢州又不能给妻儿一个交代，气急之下，做任何决定都有可能是错的。于是在711年，二十三岁的孟浩然干脆从家里搬了出去，在鹿门山下过起了隐居生活。

刚开始，每天都有朋友造访。可是渐渐地，有人成为举人，准备赴京应试；有人投身军营，准备去边关立功；有人去了南方，准备到处游历。一年多来，孟浩然与他们"惆怅野中别，殷勤岐路言"。在鹿门山外的渡口，孟浩然拉着朋友的手，反复叮嘱道："蹉跎游子意，眷恋故人心。"

送别友人归来，已近黄昏，寺庙的钟声在山间回响，忙碌了一天的人们在渡口喧哗，江岸上的村民各自匆匆归家。孟浩然朝着与他们相反的方向默默地乘舟归去，走上鹿门山。在夜雾的笼罩下，孟浩然看不清前面的山路。直到月明星稀，松树间的小径渐渐显露出来，孟浩然才发现已经到了庞德公的栖隐处。这里永远寂寥无声，只有幽人独自往来，也许古代的那些隐士也是这样独来独往的吧！于是，他一边吟诗，一边朝着幽深的山林走去。

夜归鹿门山歌

山寺钟鸣昼已昏，渔梁渡头争渡喧。

人随沙岸向江村，余亦乘舟归鹿门。

鹿门月照开烟树，忽到庞公栖隐处。

岩扉松径长寂寥，惟有幽人自来去。

孟浩然
我任性，只为这一生不虚此行

　　很快，除夕到了，孟浩然的弟弟来看孟浩然，告知他的父亲病重，母亲希望他回家看看。但孟浩然早已做出决定，只要父亲一日不承认韩襄客，他就一日不回家。五年来，孟浩然也因此没有和父亲见过一面。直到父亲去世，他才深感遗憾和愧疚，便回到涧南园，在后山结庐而居，为父亲守孝三年。平时除了侍奉母亲，孟浩然还是最爱泛舟襄水。这一年，襄阳河水暴涨，到处一片汪洋，想把船划到哪里，就把船划到哪里，孟浩然因此感到释然，他感觉家乡的山水乐趣无穷，又何必向往五湖四海呢？

北涧泛舟

北涧流恒满，浮舟触处通。
沿洄自有趣，何必五湖中。

孤身亦可登昆仑

（三）

可这时外面的世界发生了很大的变化。在远方的长安，随着李隆基一声令下，韦后被万名羽林军包围，随后伏诛，紧接着安乐公主、上官婉儿等也被诛杀，名臣张柬之沉冤昭雪，被追封王爵。不久，李隆基称帝，任用宋璟、姚崇等贤臣，开创了开元盛世。

三年守孝期满，已是717年，孟浩然二十八岁。此时天下太平，政治清明，他觉得不能再固守田园，应该去实现少年时的宏愿。可是偏居襄阳，谁能为他引荐呢？

正巧此时，张说被贬为岳州刺史。对于这位下野宰相、文学巨匠，孟浩然早已崇拜不已。于是，他就借替张说的故人寄书信之机，往岳州拜见张说。张说读完孟浩然的诗文，感觉清风拂面，这正是他一心要推广的文风。之后，两人同游洞庭湖，此时湖面忽然波涛汹涌，喧如万鼓，岳阳古城仿佛也为之撼动。孟浩然借机赋诗一首，委婉地道出心声。

望洞庭湖赠张丞相

八月湖水平，涵虚混太清。

气蒸云梦泽，波撼岳阳城。

欲济无舟楫，端居耻圣明。

坐观垂钓者，徒有羡鱼情。

但此时张说已被排挤出了朝廷，即使欣赏孟浩然的才华，也无力引荐。

723年，张说在边关平定叛乱，凭借赫赫战功第三次拜相。孟浩然就前往洛阳，再次拜访张说。成为宰相的座上客，自然也结识了更多有识之士，这一期间，孟浩然与贺知章、张九龄、储光羲等一起诗酒歌赋，还结识了刚刚贬官回来、隐居淇上的王维，后来和他成了一生的挚友。726年，张说被罢相入狱，孟浩然求引荐的希望也破灭了。离开洛阳时，孟浩然写下了这首《自洛之越》：

自洛之越

遑遑三十载，书剑两无成。

山水寻吴越，风尘厌洛京。

扁舟泛湖海，长揖谢公卿。

且乐杯中物，谁论世上名。

于是，他去润州寻访隐士，接着一路南游，泛舟前往山阴，又坐船进入象山湾。

岁暮海上作

仲尼既已没，余亦浮于海。
昏见斗柄回，方知岁星改。
虚舟任所适，垂钓非有待。
为问乘槎人，沧洲复何在。

孟浩然在浩荡的江海流连忘返，有时也会感到迷茫，"迷津欲有问，平海夕漫漫"，风烟迷离，他不知渡口在何处，只见茫茫江水在夕阳下荡漾。

其实，孟浩然这一路并没有什么计划，哪里没玩尽兴，他就折回再玩一次。朋友在哪里，他就去哪里。一路上，落魄文人、同船驴友、旅店小二都成了他的朋友，各地的官员和名士，也都热情地招待他。可是三年过去了，他辗转万里之遥，花去了家里数千两银子，并没有打开仕途。

在回家之前，他绕道郢州去探望妻儿，看到儿子已经快和他一样高了。可是因为孟老爷的遗言，一家人无法团聚。也许只有公服加身才可以改变家人的想法。虽然引荐的后门没有走通，但是科举的正门还敞开着。人生从四十岁开始，也不算晚。

729年，孟浩然四十一岁，他决定参加科举的想法马上得到了家里人的支持。他也开始整日读书，通过了府试，成为襄阳举人。看到能完成孟老爷的夙愿，母亲心中释然，变卖了家中部分田产，为孟浩然筹备银两，让他赴京赶考。

在赴长安途中，一场大雪堵住了去路，孟浩然感觉自己像掉队的大雁迷失了方向。他四顾茫然，便赋诗道："落雁迷沙渚，饥乌集野田。客愁空伫立，不见有人烟。"他在雪中伫立，越来越看不清自己。

到长安不久，王维就邀请孟浩然参加文人诗会。孟浩然凭借一句"微云淡河汉，疏雨滴梧桐"，立刻名满京师。但这并没有给他带来任何机会，反而让孟浩然的压力更大，结果不幸落榜。孟浩然没有立即还乡，而是选择留下来等待机会。毕竟他还有张说、贺知章这些故交，若有他们的举荐，献赋求仕，也不是一点机会也没有。

但是等着等着，又要入冬了，孟浩然翻出冬衣，却发现已经被蛀坏。想要再做一件，翻翻钱袋，母亲为他筹备的银两和眼前的机会一样，都不多了。于是他在客栈中写下一首《岁暮归南山》。

岁暮归南山

北阙休上书，南山归敝庐。
不才明主弃，多病故人疏。
白发催年老，青阳逼岁除。
永怀愁不寐，松月夜窗虚。

孟浩然离开长安时,王维前来相送,没有珍重道别,没有任何鼓励:

送孟六归襄阳
王维
杜门不复出,久与世情疏。
以此为良策,劝君归旧庐。
醉歌田舍酒,笑读古人书。
好是一生事,无劳献子虚。

孟浩然回复道:

留别王侍御维
寂寂竟何待,朝朝空自归。
欲寻芳草去,惜与故人违。
当路谁相假,知音世所稀。
只应守寂寞,还掩故园扉。

回到家后,沉重的精神负担常常把孟浩然压得喘不过气来,于是,他有了再次远游的打算。正巧此时,李白的好友元丹丘来到襄阳,孟浩然盛情款待,两人相约来年三月在黄鹤楼相见。次年,元丹丘邀李白同行,孟浩然变卖了一些田产,筹足了盘缠,欣然赴约。

  三位好友在武昌受到当地官员的盛情款待，相聚几日后，李白欲回安陆，孟浩然则要前往吴地。临别时，李白站在江岸之上盯着孟浩然的船，一直望到孤帆远影消失在碧空中，只剩下滔滔江水向天边奔流。

黄鹤楼送孟浩然之广陵
李白
故人西辞黄鹤楼，烟花三月下扬州。
孤帆远影碧空尽，唯见长江天际流。

  733 年，孟浩然到了山阴，泛舟于若耶溪上。日落西山，余晖夕照，他看垂钓的野叟、浣纱的村姑，白首红颜相映成趣，就想上前看个究竟。可到了他们跟前，又不知道说些什么。他抑制不住自己的情思，写下了这首《耶溪泛舟》。

耶溪泛舟
落景余清辉，轻桡弄溪渚。
泓澄爱水物，临泛何容与。
白首垂钓翁，新妆浣纱女。
相看似相识，脉脉不得语。

随后他又沿富春江、钱塘江和新安江一路而行，两岸的风光如同画卷在他面前缓缓地展开。经过七里滩，他看到"猿饮石下潭，鸟还日边树"。离开庐山时，他写下"东林精舍近，日暮空闻钟"。一天夜里，船经过渔浦潭，停在建德城外，孟浩然辗转难眠，走到船头，看到原野无边无际，远处的天空比近处的树林还要低，江水清澈，感觉明月与人相亲。此时，孟浩然那颗寂寞的愁心正飘荡在广袤的天地之中。

宿建德江

移舟泊烟渚，日暮客愁新。

野旷天低树，江清月近人。

就这样，孟浩然又在外面云游三年，几乎花光了所有的钱。回家后看到岘山依旧、襄水依然，他迫不及待地喝了一口江水，真甜。后来，他还是独自住在后山的草庐，渐渐断了出仕的念头。就在这时，新上任的襄阳刺史韩朝宗把孟浩然请到府邸。

一番交谈之后，韩朝宗表示在他的治下，绝不允许埋没孟浩然这样的人才，就决定向朝廷举荐孟浩然。可是后来，孟浩然得知自己只是去长安赋曲填词，不免感到失望，但已经答应了，便不好再拒绝。

等到了觐见唐玄宗的那一天，孟浩然借着酒劲放弃了。当时所有人都很费解，只有王维支持孟浩然的选择，临别时赠诗道："君言不得意，归卧南山陲。但去莫复问，白云无尽时。"

（四）

回家时，孟浩然又绕道郢州看望妻儿，此时儿子已经成家立业，如今也是儿女绕膝。与韩襄客四目相对，孟浩然的心里总有一种说不出的愧疚感。但儿子对母亲很孝顺，这让孟浩然感到安心。

在仕途上彻底断了后路，孟浩然真正做到了文不为仕，心中释怀了。他在田园里栽瓜种菜，收获的瓜果蔬菜他根本就吃不完，更不会拿去卖。于是打开柴门告诉大家：若是想吃，可以进来自行采摘。别人拿得越多，他越高兴。

有一天，襄阳城外的朋友邀请孟浩然去吃鸡黍饭，他欣然应允。孟浩然经过熟悉的田埂，走进村里，只见绿荫成行，清幽雅静，纵目远望，郭外青山与村庄依依相伴。他与友人在桌边坐下，一边品茶、一边谈笑。饭做好了，女主人端上香喷喷的鸡黍饭，男主人打开一坛菊花酒。他们临窗对饮，拉家常、话丰收，融情于酒兴，忘情于农事，还约定他日再聚。绕了一大圈，向往的生活原来就在身边。

过故人庄

故人具鸡黍,邀我至田家。
绿树村边合,青山郭外斜。
开轩面场圃,把酒话桑麻。
待到重阳日,还来就菊花。

736年,张九龄遭到李林甫陷害,被唐玄宗贬到荆州,孟浩然就去探望。在张九龄的邀请下,孟浩然便在其府上担任随行幕僚。平日不过与张九龄一起琴棋诗赋,风雅聚会,时间一久,寄人篱下的落寞之感便涌上心头。孟浩然心想,既然如此,不如回家种瓜种菜,还落得安闲自在。

回到家后,母亲对孟浩然大感失望,一旦张九龄被朝廷启用,在张九龄门下做事的孟浩然一定会得到朝廷重用。所有人都不理解孟浩然选择两手空空而归。次年,孟浩然大病一场,他的朋友得知后,纷纷前来探望。

李白更是相陪数日,两人谈人生、谈理想、谈山水,似乎有说不完的话。临走时,李白回头看看满头白发的孟浩然,满怀深情,赠诗一首,"吾爱孟夫子,风流天下闻"。孟浩然笑道,小白,你不懂我啊,一切都已经过去了。

740年,王昌龄特地绕道襄阳来探望孟浩然。此时孟浩然病情好转,便摆下酒宴,邀请友人同饮。看到桌上有很久没吃过的河鲜,他便夹了一筷子放进嘴里,一股鲜香顿时沁入心脾。朋友纷纷劝他忌口，但孟浩然还是想任性一次。与王昌龄分别后不久，孟浩然就一直高烧不退，几近昏迷。家里人一直陪在他身旁。临终前，孟浩然的目光停留在一个木箱之上，他让弟弟孟洗然在他面前把木箱打开，用尽全身力气抚摸着里面的诗稿。

这些诗稿是他留给人间最美的纪念品，也许他的人生并不风光，但孟浩然写下了他生命中所遇见最美的风光。

后来，家人按照他的遗愿，把他安葬在离家三十里的鹿门山。那时正值阳春三月，一夜风雨过后，花瓣落满坟头。

柳永

风情

纵有千种风情,
还是要回归一本正经

孤身亦可登昆仑

【题记】

柳永到底是才子词人、风流浪子，还是失意文人呢？

他是被古人贬得太低了，还是被现代人捧得过高呢？

对于词坛，他的地位无须论证。在《全宋词》里，随处可见他的痕迹。

对于人生，他却被历史蒙尘。生卒年月不详、婚配与否不知、归葬何处不晓。

再看他的词，有俗有雅，有艳情有豪情。他的真实面貌和他的词到底有多大关联呢？

"会乐府、两籍神仙，梨园四部弦管"，北宋盛世，他写得比谁都有气势。"酒力渐浓春思荡。鸳鸯绣被翻红浪"，一晌贪欢，他写得比谁都艳。"忍把浮名，换了浅斟低唱"，才子疏狂，他写得既直白又可爱。"好景良天，彼此，空有相怜意，未有相怜计"，思念佳人，他写得耐人寻味。"渐呜咽，画角数声残。对闲窗畔，停灯向晓，抱影无眠"，晚景凄凉，他的体会又比谁都深。

他就像流浪的歌者，一路歌唱、一路失去、一路寻找。只不过"便纵有千种风情，更与何人说"。再读一遍他的《乐章集》，风月之下若没有柳永走过，人间该有多寂寞！

柳永
纵有千种风情，还是要回归一本正经

（一）

柳永的一生，大部分时间是在繁华都市中度过的，他的漂泊从少年时代就开始了，那时他还叫柳三变。994年，柳永十一岁，他随父亲柳宜来到了扬州。就在几十年前，这里毁于南唐与后周的战火，锦绣歌舞是柳宜最痛的记忆。南唐灭亡，柳宜选择了归降北宋，之后不过是一介小官，带着柳三变四处宦游。

此时的扬州是工商业发达的淮南道首府，虽远不如唐诗中描写的那样繁华，但"酒台花径仍存"，二十四桥犹在，春风十里依旧。与父亲闲逛街头时，柳三变听到酒楼内有人按红牙檀板而歌："莫攀我，攀我太心偏，者人折了那人攀，恩爱一时间。"虽不见那位歌女的面容，柳三变却被歌声打动。柳宜见状只能一声长叹，故国因何而亡，多少才子在扬州迷路，他心里最清楚，他绝不允许儿子沾染这种艳曲。

三年之后，柳三变回到老家福建崇安，温习经史，准备参加科举。柳家有六子入仕，为乡里所推重，是典型的奉儒守官之家。柳三变与两个兄弟柳三复、柳三接被乡邻誉为"柳氏三绝"。在父辈们的影响之下，他曾做劝学文，"学，则庶人之子为公卿；不学，则公卿之子为庶人"。但纤陌红楼给柳三变留下了不可磨灭的印象。夜深人静之时，他总在心里把那些小曲一遍又一遍地温习。

1001年，柳三变十九岁时中了举、成了婚。按照固定的人生轨迹，要前往京城参加省试了。于是，他告别了妻子和家乡，登船出发了。

第一站到杭州，谁知道这里竟是他人生的转折点。这里是"东南形胜，三吴都会，钱塘自古繁华"，一个有二十万户的大都市。柳三变看到商人小贩、少女贵妇、铁匠樵夫、文士军官穿过"烟柳画桥"、揭开"风帘翠幕"。这里"市列珠玑，户盈罗绮，竞豪奢"。珠光宝气伴随着涌动的人流，将繁华的街市装点得如同人间天堂，声色之盛，柳三变不曾在书里读到过。

北宋，消除了五代时期十国割据造成的阻隔，农业、手工业、商贸物流、娱乐业空前繁荣。上至达官贵族，下至市井民众，歌舞升平，诗酒流连，"雅俗熙熙物态妍"。在市坊合一、宵禁取消之后，娱乐生活没有了空间限制、时间限制和阶层限制，更是出现了汉唐以来从未有过的夜生活。在夜里，柳三变看到西湖的酒楼上有"浓妆妓女数百"红袖招引，又有妙龄少女"不呼自来筵前歌唱"，暴富者买醉征歌，不惜一掷千金。繁华扩大了感官、释放了欲望。

柳三变在微醺中听到秦楼楚馆流出一曲《望海潮》，就决定小试身手，记录下眼前的都市生活。写完之后，柳三变看到桂魄坠落西湖，仿佛和未来的功名一样唾手可得。在绮筵之上，杭州的名妓楚楚手执红牙板，浅斟低唱："重湖叠巘清嘉，有三秋桂子，

柳永
纵有千种风情，还是要回归一本正经

十里荷花。羌管弄晴，菱歌泛夜，嬉嬉钓叟莲娃。千骑拥高牙，乘醉听箫鼓，吟赏烟霞。"

席中的知州孙何第一次听到有人这样描绘他治下的杭州，便招来了这阕词的作者。有佳人为其歌，有名士为其赞，柳三变成功跨出干谒的第一步，成为太守歌舞宴席的座上宾。柳三变品味着杯中美酒，欣赏着丝竹之美，沉醉于风月，竟忘了今夕是何年。1006年，孙何离杭返回京城，柳三变这才发现来杭州已有三年，于是缓缓北上。

他一路写，一路玩，一路唱。别人家描写诗酒风流的贵族生活，柳三变却道市井勾栏的夜生活。别人家写美女都隔着一层"画屏金鹧鸪"，柳三变却道"脱罗裳、恣情无限"，还要"留取帐前灯，时时待、看伊娇面"。

别人家道别是"直须看尽洛城花，始共春风容易别"，柳三变却道，"枕前言下，表余心意。为盟誓。今生断不孤鸳被"。

别人家的思念很含蓄，"独上高楼，望尽天涯路"。柳三变的思念很直接，"镇相随、莫抛躲，针线闲拈伴伊坐。和我。免使年少，光阴虚过"。

世人都说柳三变很"俗"，其实词的原貌就是"艳俗"。打开《敦煌曲子词集》可以看到，五代词，大部分为无名氏所作，内容多为闺房调笑、日常生活、感时伤春。北宋初期，词坛还没有百家争鸣，只有晏殊、张先寥寥几人偶尔填一些雅词，其中的不言之言耐人寻味。而柳三变与他们不同，他常年混迹市井，发现生

活是炽热的、充满情调的。他很会揣摩市民的心理,就写下大量世俗化、口语化的词,以致有些人在井水处歌唱,有些人回家后偷偷玩味。

最后,用了整整七年的时间,柳三变终于在1008年抵达此行的目的地——汴京。当时,在"和平外交"的政策下,北宋与辽国签订了"澶渊之盟",在之后的四十几年里没有兵戈,迎来了一时安宁的局面,开封随之成为世界级的大都市。二十六岁的柳三变就像孩子一样,打量着眼前这座十一世纪的东方古都。在他的笔下,酒食声乐与繁华"盛世"交相辉映。

雄伟的宫殿高耸入云,"琪树罗三殿,金龙抱九关"。两宫之间复道相连,宫外鼓吹喧阗,人群熙攘。走在街上,"是处楼台,朱门院落,弦管新声腾沸",歌声与笑声绵延十余里。这里香艳随处可见,"遍九陌罗绮,香风微度","向路傍往往,遗簪堕珥,珠翠纵横"。"殊方异域,争贡琛赆,架巉航波奔凑",各行各业的人坐着车船聚集而来。

这里花阵酒池,香山药海,燕馆歌楼,"笑筵歌席连昏昼,任旗亭、斗酒十千"到了晚上,"更阑烛影花阴下,少年人、往往奇遇"直到深夜,妓女成群在街上拉客,"金吾不禁六街游,狂杀云踪并雨迹"已经到了疯狂的地步。

柳永
纵有千种风情,还是要回归一本正经

(二)

凭着音乐上的造诣,柳三变很快就找到了机会。北宋宫廷也爱靡靡之音,就在汴京的教坊中供养大量的作曲师,皇宫中所作新声也会赐给教坊,令其与民同乐。这些曲需要填词而成,词也需合曲而传。柳三变自有"移宫换羽"之才,教坊乐师就围在他身旁,索新词、改难令,变旧声、作新声。柳三变就像游鱼趋灵渊、孤凤归上林一样自在,他所获新声也就比同时代的人更多。

据考证,在《全宋词》八百多个词调中,由柳永首创或改编的就有一百三十多个。后来,范缜也不得不感叹,北宋太平盛世,翰林院不能出一语咏歌,唯独见于柳词中,读之令人"千载如逢当日"。

柳三变的事业刚刚起步,正是"无限狂心乘酒兴。这欢娱、渐入嘉景",可此时他的妻子病故了。回到家乡,柳三变才发现"归去来,玉楼深处,有个人相忆"。妻子已经等了他八年,再也等不到了。温柔乡始终是异乡,只有家人会等他衣锦还乡。他推开家门,看到曾经的婚房紧闭,鸳鸯秀被已经蒙尘。"尊前歌笑"成了"空想遗音"。曾经是"天涯隔",如今是"留不得",况且"光阴催促,奈芳兰歇,好花谢,惟顷刻"。

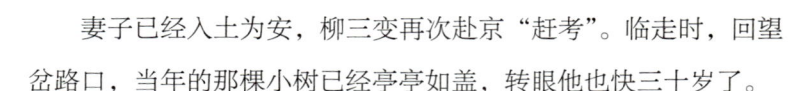

妻子已经入土为安，柳三变再次赴京"赶考"。临走时，回望岔路口，当年的那棵小树已经亭亭如盖，转眼他也快三十岁了。

到京城后，柳三变想复制以往的成功，而且还是一步到位的成功。他相信这是一个词的王朝，他要抓住这个机会。官家过生日，不少王公大臣上表祝贺，柳三变也写了一阕《送征衣》。官家祭天，写颂词本是翰林学士的工作，柳三变没有这个职责，也写了四阕《巫山一段云》。随后，赵祯被立为皇太子，举朝皆贺，柳三变也没有落下。

没有奉旨填词是走不进当权派正门的，可柳三变有的是后门，内宫近侍和教坊乐师会将这些词传到皇帝耳边，送柳三变走上青云之路。以至于他只是一介举人，尚未通过省试，就已经遥想殿试了：宫廷暖暖春光，香炉袅袅飞烟，官家缓缓走来。

柳三变"对天颜咫尺，定然魁甲登高第"。但是，词在那个时代被视为笔墨劝淫，违背道德伦常、损害性情。所以，无论怎么歌功颂德，柳三变都不会给朝廷留下一个好印象。

等他应试的时候，招生政策已经变了。这一年，官家痛斥浮艳虚华的文章，并下诏属辞浮靡者一律不录用。放榜之日，柳三变把金榜看了三遍，没有找到自己的名字。他也没太失望，只道，"浮名利，拟拚休。是非莫挂心头。富贵岂由人，时会高志须酬"。时机一到，自有长风破浪之时。

距离下次考试尚有时日，那就尽情地玩吧！柳三变把"小楼深巷狂游遍，罗绮成丛。就中堪罗属意，最是虫虫"。这位虫娘举

柳永
纵有千种风情，还是要回归一本正经

措温润，舞技出众，"香檀敲缓玉纤迟，画鼓声催莲步紧"。京城的少年郎向虫娘示好，可一曲终了，虫娘走向了柳三变的怀抱。"鸳衾暖、凤枕香浓。算得罗间天上，唯有两心同"。此情此景，应有海誓山盟，"待作真个宅院，方信有初终"。

誓言，虫娘听过千遍，何况柳三变没有钱。烟花巷里的艳遇怎能让她走进柳家的深宅大院？柳三变只能靠自己，临别时对虫娘说，只要考场上传来了消息，我便返回，好好爱你，不再分离。1015年，柳三变第二次落第，真的是"可惜许枕前多少意，到如今两总无终始"。

1019年，兄弟柳三复登第，柳三变第三次落第。他没有检讨自己，反而觉得应该检讨的是朝廷。"黄金榜上，偶失龙头望。明代暂遗贤，如何向。"

未来会怎样，柳三变也不多想，朝廷既然不给我当官，那我就自己封一个，"才子词人，自是白衣卿相"。别人家科举失利，要么想想"采菊东篱下"，要么愤世嫉俗，柳三变却选择第三条路，放纵。未来还是要去烟花巷陌偎红倚翠，"青春都一饷。忍把浮名，换了浅斟低唱"。

可狂傲是他，谦卑也是他。柳三变嘴上说忍，行动上却处处不忍。当时士大夫所填之词，大多是急弦繁管的南唐小令。而柳永用新声做慢词，选用不同的曲调、运用不同的音律转折让情感得以一层一层地展开，他的词是真正为歌唱而写，令人耳目一新。士大夫虽以俗为病，对于这类新声却也爱听。

这让柳三变再次找到了机会,他就写词投献那些达官贵人,希望获得引荐。这样一首词,在当时相当于一份豪礼了。大官人收到后,就让家里乐工演奏,一听甚是喜欢,柳三变也有了混主流圈子的机会。可是没过多久,他的狂情怪胆又冒出来了,写词道"我不求人富贵,人须求我文章"。收过礼的士大夫都怒了:轻薄之徒,老子什么时候求过你的文章了?

1022年,年仅十三岁的宋仁宗继位,但因为年龄尚小,就由皇太后垂帘听政。两年后,柳三变再一次参加科举,终于大放异彩,博得主考官的认可。可在临放榜时,有人看到柳三变的名字觉得莫名刺眼:这样的人进入朝堂是对道统的玷污。于是,轻轻地把柳三变的名字划掉,只道一句:且去浅斟低唱,何要浮名。柳三变就这样第四次落第了。

干谒不成,屡试不第,柳三变成为社会边缘的浪子,当如何过活呢?他自负有"凌云辞赋,掷果风标"且"表里都峭",唯一的缺点就是年过不惑。浪子半老,总有力不从心的时候,那怎么办呢?就要变本加厉,"追欢买笑。

此时,父亲已经去世,柳三变没有了经济来源。他的青云路已经被浅斟低唱堵死了,能发挥他才华的就只剩烟花巷了。在他的笔下,歌伎们开始在历史上留下名字。"家住桃花径"的秀香,"算神仙、才堪并";"妙舞腰肢软"的英英,似"章台柳、昭阳燕";"捧板花钿簇"的佳娘,"唱出新声群艳伏"。

她们从一个文学符号变回了千种风情的女人。她们渴望与知

柳永
纵有千种风情，还是要回归一本正经

音人"万里丹霄，何妨携手同归去"。

她们对于失约的爱人，"待伊要、尤云殢雨，缠绣衾、不与同欢。侭更深、款款问伊，今后敢更无端"。

她们在"帘垂深院"想着"山远水远人远，音信难托。这滋味、黄昏又恶"。有的公子虽有书信，但"寒暄而已，苦没切切言语"。她们很天真，"早知恁么，悔当初、不把雕鞍锁"，以为可留住他的心。

在北宋，有将近三百种职业，是唐朝两倍多，按上、中、下分为三类，为娼者是下九流中的底层。她们没有人身自由，连穿什么颜色的衣服都受到限制。但在柳三变眼里，"莫道千金酬一笑，便明珠、万斛须邀"。

柳三变的词能够使她们声价十倍，于是"珊瑚筵上，亲持犀管，旋叠香笺。要索新词，殢人含笑立尊前"。醉熏熏的柳三变一提笔就是一首新词，随后署名：奉旨填词柳三变。这用浮名换来的浅斟低唱，佳人接过后视如心头宝。

可是，生命里最空缺的东西会变成最深的执念。对浮名的渴望，狂欢无法填补。柳三变也因此精神不振，度日如年。

郭郎儿近拍

帝里。闲居小曲深坊，庭院沈沈朱户闭。新霁。畏景天气。薰风帘幕无人，永昼厌厌如度岁。

愁悴。枕簟微凉，睡久辗转慵起。砚席尘生，新诗小阕，等闲都尽废。这些儿、寂莫情怀，何事新来常恁地。

京城的主流圈子已经容不下他，纵有千种风情，他柳三变都终将成为过客。和许多漂泊的人一样，都市只留下了他们的青春，却留不下他们的人。已经过了二十年，与当初的理想渐行渐远，却依然对理想心心念念。每次回头望一眼，总是心有不甘。只能换个地方了。

柳永
纵有千种风情,还是要回归一本正经

(三)

1024年,柳三变准备独自离开,可偏偏有人长亭相送。寒蝉鸣叫,一声比一声凄切。骤雨初歇,秋风一阵比一阵凉。离别的话,一句比一句痛。船上的人催着出发,一句比一句急。柳三变望着千里烟波,不知如何话别。

雨霖铃·秋别

寒蝉凄切,对长亭晚,骤雨初歇。都门帐饮无绪,留恋处,兰舟催发。执手相看泪眼,竟无语凝噎。念去去,千里烟波,暮霭沉沉楚天阔。

多情自古伤离别,更那堪、冷落清秋节!今宵酒醒何处?杨柳岸,晓风残月。此去经年,应是良辰好景虚设。便纵有千种风情,更与何人说?

柳三变登舟而去,把让他沉迷的都市、抚慰他的佳人甩在身后。因为多看一眼,只不过多添一份伤感。接下来的路,他"独自个、千山万水,指天涯去"。

兜兜转转二十年，柳三变回到了苏杭旧地，重新出发。他开始四处干谒，欲脱白衣为卿相，结果可想而知。用浮名换来的浅斟低唱真的太沉重了，重得让柳三变不得不弯下腰听别人数落。柳三变的回归之路漫长而坎坷，那几年，他没有参加科举，而是流浪。

不久，京城的瑶卿寄来了一首小诗、一封长信。柳三变一边读，一边想象着瑶卿在小轩窗下挥动翠管的样子。他便把此信视为珍宝，"更宝若珠玑，置之怀袖时时看。似频见、千娇面"。

当他伫立于江边的高楼上远眺时，遥望着重山翠峦、江南水乡，只觉物是人非。现在谁又能理解他的凭阑之意呢？

蝶恋花

伫倚危楼风细细，望极春愁，黯黯生天际。草色烟光残照里，无言谁会凭阑意。

拟把疏狂图一醉，对酒当歌，强乐还无味。衣带渐宽终不悔，为伊消得人憔悴。

此时的柳永尚存一丝念想：汴京的故人会等他归来。那天梦中，柳三变与二八佳人"再三偎着，再三香滑"。正欢悦之时，被鸡鸣吵醒，独自看着残月直到天明，匆匆忙忙骑马登上路途。

几年奔波，一无所获，柳三变回到了京城。这里比以前更加繁华了。王孙贵族携纤纤玉手在城外游冶，城内的酒楼依然有人醉梦中眠花柳。柳三变还想疏狂一把,只可惜,当年的狂朋怪侣死的死、散的散,"人面桃花,未知何处,但掩朱扉悄悄"。最后一丝念想也破碎了,柳三变只觉恍如隔世,"狎兴生疏,酒徒萧索,不似少年时",只能"尽日伫立无言,赢得凄凉怀抱"。

（四）

回到京城后，五十岁的柳三变改名了。人总是会被社会改变，等到大好年华消磨殆尽，才会为这个道理低下头来。无论是为了科举，还是为了健康而改名，从才子、词人到浪人，他的人生经历"三变"而"永"，其间有太多滋味耐人咀嚼。于是，风流的柳三变死了，小官柳永活了下来。

1034年，宋仁宗亲政，为了笼络士子，对历届科场沉沦之士特开"恩科"，格外放宽尺度。柳永中了进士之后，被任命为睦州团练推官。到任不到一个月，知州吕蔚很钦佩柳永的才华，就向朝廷举荐了他，因为尚无政绩，被驳回了。柳永得知后没有觉得消极，走到桐江边，看到渔舟晚归，既感叹自己的漂泊，又对前程充满希望。

满江红·桐川

暮雨初收，长川静、征帆夜落。临岛屿、蓼烟疏淡，苇风萧索。几许渔人飞短艇，尽载灯火归村落。遣行客、当此念回程，伤漂泊。

桐江好，烟漠漠。波似染，山如削。绕严陵滩畔，鹭飞鱼跃。

柳永
纵有千种风情，还是要回归一本正经

游宦区区成底事，平生况有云泉约。归去来、一曲仲宣吟，从军乐。

他用王粲的《从军乐》勉励自己，人生从五十岁开始，也不算太晚。后来，这阕词在睦州广为流传，民间用作迎神曲。

1037年，五十三岁的柳永调任余杭，这里还和三十多年前一样，锣鼓喧天，兰灯满市。他走入烟花巷中，听着熟悉的歌谣，依稀认出几个老情人，她们"娇波艳冶，巧笑依然"。等他清醒过来才发现，原来是新人的浅斟低唱唤起了旧时光，旧相识们都老了吗？她们在哪里呀？柳永满眼含泪，向北遥望，只能隐隐看到残阳，想写一些什么，"又岂知、名宦拘检，年来减尽风情"。他现在已经是百姓的父母官，当年的风流才情早就消磨殆尽，忍把浅斟低唱换成了浮名。

按照宋朝的官制，柳永任地方官已经九年，"三任六考"期已满，可以调任京官了。但还需要五个人举荐、要有荐状，不是件容易的事。正巧当时被视为祥瑞的老人星（瑞星）出现，教坊作新曲《醉蓬莱》，有人就推荐柳永填词。可其中词句触了仁宗的忌讳，被愤然掷之于地。之后，柳永被调任泗州判官。

1043年，柳永在赴任途中再游姑苏，在城外，亭台楼榭稀疏零落，芳香馥郁的花径都湮没了。晚上烟气散去，只见两三人家散落在古渡口，只闻麋鹿呦呦。柳永便感叹道："想当年、空运筹决战，图王取霸无休。江山如画，云涛烟浪，翻输范蠡扁舟。验前经旧史，嗟漫哉、当日风流。斜阳暮草茫茫，尽成万古遗愁。"

（五）

此时的柳永早已不作艳词，和士大夫一样写起了雅词。他自以为能和他们一起附庸风雅，就去拜谒宰相晏殊。

晏殊写小词，也是饱受非议，被人嘲笑"好作妇人语"，后来王安石还怼他，"宰相作小词，可乎？"但他问柳永，贤俊谱曲子吗？没想到柳永反揭他的伤疤，堂堂宰相，也浅斟低唱？晏殊就想，你这是攀关系还是挖苦我呢？就道，殊虽作曲子，却不道，针线闲拈伴伊坐。柳永无言以对，没想到自己三十年前做的词，这位太平宰相还念念不忘，是三生有幸，还是此生不幸呢？

之后，范仲淹任参知政事，提出"庆历新政"方案，重定磨勘法。对京官候选人的近状一一复审，做出公正处理。柳永经申诉，改官著作佐郎，但只是寄禄官，并非实际职务。接下来的几年，他还是过着无根漂泊的生活。

他一路上只看到"往来人，只轮双桨，尽是利名客"。在驿馆里形单影只，度日如年，又叹"晚岁光阴能几许。这巧宦、不须多取"，"听杜宇声声，劝人不如归去"。然而故园多变，音讯断绝，人事已非，不知如何归去。没关系，他还有快乐的回忆，"帝里风光好,当年少日,暮宴朝欢"。然而人生如梦,前方一片烟雾渺茫,"别来迅景如梭,旧游似梦,烟水程何限",下一站要去哪里呢?

看花回·述怀

屈指劳生百岁期。荣瘁相随。利牵名惹逡巡过,奈两轮、玉走金飞。红颜成白发,极品何为。

尘事常多雅会稀。忍不开眉。画堂歌管深深处,难忘酒盏花枝。醉乡风景好,携手同归。

最后,柳永死在了润州,年七十一岁。根据叶梦得《避暑录话》记载,他死后无人送终,旅葬于寺庙,还是知州出钱安葬了他。而《古今词话》称,京城众名妓筹钱将他安葬于枣阳。还有人戏曰,这大伯做鬼也爱打哄。于是每年清明,年轻的浪子们,还有英英、虫虫、瑶卿们都会来到墓边,纵酒放歌,谓之吊柳七。后人有诗题柳墓云:"乐游原上妓如云,尽上风流柳七坟。可笑纷纷缙绅辈,怜才不及众红裙。"

之后,还有一段公案,在汴京大相国寺的一个集会上,一位年轻的侍郎叫刘季高,听到有人唱柳词,心中愤慨,便公然诋毁柳永,大放厥词,旁若无人。一位老宦官听到后,取出纸笔:您以柳词为不佳,可否现作一篇给我辈看看呢?刘季高默默无语,悄然而退。

这样的故事，这样的争论，在柳永死后的一千多年里没有停息过。如果柳永听到了，他会怎么说呢？我想，他一定会大笑着道，年轻！真好！

李商隐

当下

不知从哪里溢出来的忧伤，就叫作『无题』吧

孤身亦可登昆仑

【题记】　　这是中国诗歌史上最漫长的一场秋雨。到底有多长，无法用时间计量。而李商隐，仅仅用了二十八个字就创造了这个纪录。准确地说，是二十三个字。

李商隐
不知从哪里溢出来的忧伤,就叫作"无题"吧

(一)

那一夜,在偏僻的巴山,客舍灯下,李商隐读着北方的来信,故人问他何时回家,正好问到他的伤心处。此时,秋雨绵绵密密,李商隐不知想了多久,直到秋池开始上涨,才提笔回信。

夜雨寄北
君问归期未有期,巴山夜雨涨秋池。
何当共剪西窗烛,却话巴山夜雨时。

当下尚不可期,李商隐不敢谈归期,可能是两年,也可能是二十年,总之,当下的任何承诺都有可能让自己和故人失望。他开始整理自己的往事,或许可以在未来全部交给这位故人。他想象着那一夜,他们会有叙不完的离情、说不完的喜悦,把烛花剪了又剪,彻夜难眠。但是一个"何"字,使一切都变得不确定。他还会漂泊多久?回家的路到底还有多长?故乡会不会早已物是人非?李商隐的情思,在两个"巴山夜雨"之间回环往复,直到愁思与秋池一起涨满,弥漫于巴山的清晨。

李商隐总是将无限的情思压缩在寥寥数语之中,比如蜡炬成

灰、万重蓬山、枯荷听雨等等。这些诗句就好像一盏盏灯,引领我们走进李商隐心灵中最隐秘的角落。那么,李商隐究竟想把我们引到哪里去呢?我们还是要回到他十六岁那年,从玉阳山的学道经历说起。

对于学道的初衷,李商隐没有说,事实上,也没啥可说的,无非就是呼吸吐纳心自在、不尽元气滚滚来。所以,好事者更关心李商隐有没有谈恋爱。于是翻开他的诗集,在很多诗里面捕风捉影,只恨没有确凿的证据。再翻翻唐代的野史笔记,与李商隐齐名的杜牧、温庭筠,都赢得青楼薄幸名。李商隐写了这么多情诗,私生活却和杜甫一样干净。这简直难以置信,很多人就发问了,"星沉海底当窗见,雨过河源隔座看"是李商隐和女冠的一夜风流吗?

于是,这个"我写你猜"的游戏,李商隐和好事者们玩了一千多年。就像元好问所言,"诗家总爱西昆好,独恨无人作郑笺"。对此,我们不妨先抛开前人的注解和窥私的心态,来欣赏一下他的这首诗:

春

风光冉冉东西陌,几日娇魂寻不得。

蜜房羽客类芳心,冶叶倡条遍相识。

暖霭辉迟桃树西,高鬟立共桃鬟齐。

雄龙雌凤杳何许?絮乱丝繁天亦迷。

李商隐
不知从哪里溢出来的忧伤，就叫作"无题"吧

醉起微阳若初曙，映帘梦断闻残语。
愁将铁网罥珊瑚，海阔天宽迷处所。
衣带无情有宽窄，春烟自碧秋霜白。
研丹擘石天不知，愿陀天牢锁冤魄。
夹罗委箧单绡起，香肌冷衬琤琤佩。
今日东风自不胜，化作幽光入西海。

李商隐这一时期的诗作，像《燕台四首》《碧城三首》《河内诗》等等，基本都是爱得死去活来，表达呼天抢地，想象大胆不羁，语言瑰丽多彩。虽然单从诗文来看，很难确定他的恋爱对象以及过程，甚至这位男子是不是李商隐本人也存疑。但可以确定，在玉阳山上遇到的人和事，为李商隐的诗歌注入了多情而又执着的灵魂。

（二）

829年，十九岁的李商隐离开道观后来到洛阳，携得意之作拜谒名流。很快，他就结识了生命中最重要的一个人——令狐楚。这位前宰相已经年过花甲，是政坛上的大人物，也是当时的文章大家，在看了李商隐的诗文后，就道，以后你就常来，与我的儿子令狐绹一起学习吧。

之后，令狐楚不仅对李商隐倾囊相授，还带他和令狐绹参加文人聚会，见了不少洛阳的达官贵人。在一次宴会上，文坛大佬白居易看了李商隐的诗文后，戏称将来投胎要做李商隐的儿子。

年少成名，李商隐却处处小心，"虽然同是将军客，不敢公然仔细看"，受到赞誉的李商隐也许是亢奋的，也许是压抑的。不过在众人看来，这位才华横溢又有点社恐的青年是文坛新星，更会是未来的政坛新星。不久，令狐楚调任山东郓州，李商隐则以白衣的身份破例成为其幕府中的巡官，令狐楚还把他赴京赶考的费用都包圆了，但李商隐连续三次落榜。

833年，令狐楚被朝廷召回，二十三岁的李商隐也离开了其幕府，准备回河南老家。此时，郑州刺史萧澣接到了令狐楚的亲笔信函，希望他能多多关照李商隐。不久，萧澣被贬，就推荐李

李商隐
不知从哪里溢出来的忧伤，就叫作"无题"吧

商隐前往华州谒见崔戎，暂时投入其帐下。崔戎很欣赏李商隐的才华，知道他现在生活很拮据，在经济上给了他很大帮助，并让李商隐和自己的子侄前往南山一起学习，准备科举。一年后，崔戎被朝廷调往兖州，就邀请李商隐担任幕僚。不幸的是，抵达兖州不到一个月，崔戎就突发疾病，不治而亡。李商隐真的是靠山山崩、靠水水流，转眼他也快二十五岁了。

一天，在夕阳的余晖下，李商隐走了很久，不知不觉来到了夕阳楼。他早已身心疲惫，却坚持登上高楼，眼前的花明柳媚，并没有给他带来任何慰藉，反而使他心中的愁云与春色交织，弥漫于天地，无边无际。看到天边飞来的孤鸿，李商隐愁思翻涌，便写下了这首《夕阳楼》：

夕阳楼

花明柳暗绕天愁，上尽重城更上楼。
欲问孤鸿向何处？不知身世自悠悠。

直到孤鸿的哀鸣消失在天际，李商隐才回过神来，心中升起一股更为强烈的孤独感。孤鸿尚有自己同情，而自己呢？连孤鸿都不如。

随后的科举，李商隐再次铩羽而归，正当他心灰意冷的时候，令狐绹为李商隐送来书信和钱物，鼓励他明年再整旗鼓。令狐绹还在主考官那里竭力替李商隐美言，从而促成了李商隐进士及第。李商隐没想到，自己写了这么多文章、这么多诗，竟然及不上贵

公子的一句话。

　　在当时，士子及第后要通过吏部考试，才能得到朝廷的任命。于是，在 837 年，二十七岁的李商隐参加了博学宏词科，以优异的成绩被录取，但到最后复审的时候，长官划掉了李商隐的名字，理由是"此人不堪"。李商隐猝不及防，无端被贴上一个"不堪"的标签，无端地被阻挡前程。

　　李商隐离开长安时，牡丹含苞欲放，他来不及欣赏，便匆匆步入孤寂的旅途。在一间僻静的客馆中，一场大雨让他回想起长安的牡丹。它们曾笑石榴花不能赶上最好的春光，可它们怎能料到，艳阳中也暗藏着杀机，谁会对春光设防呢？李商隐想象着无情的雨点落在牡丹尚未盛开的花苞上，犹如泪珠飞溅，伤心屡屡。无情的风雨更像急奏的锦瑟，让李商隐从梦中惊醒，于是他起身写下了这首诗：

回中牡丹为雨所败二首

下苑他年未可追，西州今日忽相期。

水亭暮雨寒犹在，罗荐春香暖不知。

舞蝶殷勤收落蕊，有人惆怅卧遥帷。

章台街里芳菲伴，且问宫腰损几枝？

浪笑榴花不及春，先期零落更愁人。

玉盘迸泪伤心数，锦瑟惊弦破梦频。

万里重阴非旧圃，一年生意属流尘。

前溪舞罢君回顾，并觉今朝粉态新。

（三）

李商隐于838年经人推荐来到了泾州，加入王茂元的幕府担任掌书记，这一年他二十八岁。此时，朝廷的牛、李党争已经白热化。虽然没有足够的史料证明王茂元属于李党，但令狐绹属于牛党。

李商隐处处小心，不想卷入党争的旋涡，可总有一些人"不知腐鼠成滋味，猜意鹓雏竟未休"。不久，李商隐与王茂元之女王晏媄成婚。他们的幸福不影响任何人，但就是有人不想让他们安宁。于是，在泾州传出了这样的话，这小子又攀上高枝了，抱上更粗的大腿了。这些话从泾州传到了长安，再从长安传回泾州，就变成了李商隐背叛令狐家、先牛后李、放利偷合。

婚后不久，李商隐再次赴吏部考试，再次被录取，被任命为秘书省校书。官职虽然不高，只有九品上阶，但有机会进入翰林院，可以承办皇帝直接吩咐的事务。唐代有许多官员是由此升迁而登宰辅的。可李商隐在这个位置上股还没坐热，就被调任为弘农县尉。后来，因为替死囚减免死罪被上司斥责，李商隐备感屈辱，愤而辞职。

842年，三十二岁的李商隐第二次进入秘书省，并在长安的樊南安了家，把母亲和妻子也接了过来。当时，唐武宗任命有才干的政治家李德裕为宰相，李商隐也看到了施展平生所学的机会。可不幸的是，他的母亲在这年冬天去世，李商隐不得不离开朝廷，回家守丧。

回到了家乡，李商隐也获得了暂时的喘息。他和妻子过着清寒而又平静的生活，他们住的房子很小，但"自喜蜗牛舍，兼容燕子巢"，他们对酒谈心，"陶然恃琴酒，忘却在山家"，他们一起在门前植树种花，只不过"学植功虽倍，成蹊迹尚赊"。晚上，他们俩秉烛谈诗，联句唱和。

面对窗外纷飞的大雪，李商隐随口吟道，"朔雪自龙沙，呈祥势可嘉"。妻子接下句，"有田皆种玉，无树不开花"。两人诗意盎然，你一句我一句，两颗心无间地交流着。

李商隐忍不住赞美妻子，"洛水妃虚妒，姑山客漫夸"。妻子则说，"联辞虽许谢，和曲本惭巴"。

看着妻子满脸幸福的笑容，李商隐不禁悲从中来，妻子那么好，自己却那么无能。妻子知道商隐在想什么，便写下"此时倾贺酒，相望在京华"。李商隐看着妻子，满眼泪光，这世上有什么荣华富贵能比得上此刻的心心相印？

李商隐为母亲守丧的三年是晚唐政治上最有生气的时期。在李德裕的主持下，大唐击溃了回纥的侵扰，平定了刘稹的叛乱，还实施了废佛教、裁冗官等积极措施，朝廷出现一片中兴景象。李商隐却为自己的缺席而深感遗憾和羞愧。

李商隐
不知从哪里溢出来的忧伤,就叫作"无题"吧

不久,妻子怀孕了,便提出搬到洛阳的崇让宅。同时,李商隐的三年守丧就要期满,要回长安了,他本想等妻子分娩之后再走。可妻子理解丈夫,就说,家里有丫头、奶娘,不会苦着她,让李商隐放心去。

临发崇让宅紫薇

一树浓姿独看来,秋庭暮雨类轻埃。

不先摇落应为有,已欲别离休更开。

桃绶含情依露井,柳绵相忆隔章台。

天涯地角同荣谢,岂要移根上苑栽。

（四）

　　845年，李商隐第三次来到秘书省，前两次都没有待住，一来一去足足折腾了七年，他已经三十五岁了。校书郎的工作很清闲，不过是校勘古籍、整理书卷，不计工作量，只需准时上下班。可是表面上平静，背地里暗流涌动，大家伙儿为了升迁，都铆足了劲。有拼后台的、有拉帮结派的，两者都没有，就用流言中伤他人。

　　李商隐想凭本事升迁，可在旁人眼里他是很会抱大腿的人。心思细腻如李商隐，总会在同事影影绰绰的议论中，察觉到流言蜚语。时间一长，他自然心领神会，并极力克制住自己，因为一旦冲动，所有的暗流都会向他涌动。

　　即便如此，所有人还是亲如兄弟一般，下班之后还要一起参加歌舞宴会，诗酒唱和。你一句，我一句，你一杯，我一杯，简直到了心心相印的程度，大家共享着无须言语阐述的"温馨与真情"。李商隐觉得既无奈又矛盾，就用很艺术的手法写下了一首《无题》。

李商隐
不知从哪里溢出来的忧伤，就叫作"无题"吧

无题

昨夜星辰昨夜风，画楼西畔桂堂东。
身无彩凤双飞翼，心有灵犀一点通。
隔座送钩春酒暖，分曹射覆蜡灯红。
嗟余听鼓应官去，走马兰台类转蓬。

到了846年，命运的轮盘再次转动。唐武宗崩了，在宦官的支持下，唐宣宗即位。一个月后，牛党被重新启用，牛僧孺、令狐绹等一个个收拾行囊，踏上北归的旅程。他们"闹若雨前蚁，多于秋后蝇"，扬言把李党一网打尽。而李德裕作为李党首脑被一贬再贬，直到天涯海角。

李商隐虽然只是九品小官，没有资格参加牛、李党争，但他并没有按照权势大小决定自己的政治态度，反而将同情和支持给了冤屈者。之后，他为李德裕的文集作序，也更了解了其政绩和人品，写下了不少诗文，这必然招来牛党的忌恨。幸好此时，郑亚作为李党成员被外放桂林，聘请李商隐为观察判官，随其赴广西任职。李商隐在远离政治旋涡的同时也远离了他的挚爱。临行前，他在寒夜与妻子断肠话别，清晨与友人都门醉别。这一年，他三十七岁。

到了桂林，正值初夏，连日多雨，李商隐只能在屋中徘徊。一日傍晚，雨过天晴，晚霞破云，李商隐离开房间，潮湿的心被夕阳烘干。他突然注意到，墙角的小草久久未被阳光照到，如今

在雨后的晚晴之下充满生机。此情此景，让李商隐精神一振，便提笔写下这首《晚晴》：

晚晴

深居俯夹城，春去夏犹清。

天意怜幽草，人间重晚晴。

并添高阁迥，微注小窗明。

越鸟巢干后，归飞体更轻。

这世上，唯有温暖的家才可以消除远行的疲劳，这是"越鸟"们最大的心愿。

晚晴虽美，但很短暂。郑亚很信任李商隐，任命他为昭州郡守，可当李商隐想大展身手的时候，郑亚被朝廷贬到了更远的地方，李商隐也不得不离开桂林。但他不甘心就此放弃，先是到长沙拜访了湖南观察使李回，希望能入其幕府，但李回自身难保，李商隐只好继续前行，犹如"万里风波一叶舟"，不能扬帆起航，更不知何去何从。他打算西行入蜀，又不确定还有什么风波在等着他。此时家里来信，勉励他安于边陲之地，岂知他现在无人可依。他只能坐在岸边，对着江水犯愁。最后，历时两年，行程万里，李商隐一无所获，踏入长安城门的那一刻，他决定不再逃避，平和从容地去面对难堪的现实。

848年，三十八岁的李商隐回到长安，再次参加吏部考试，被任命为周至县尉。这两年，家里又添了一个女儿，李商隐和家人团聚，尽享天伦之乐。不久，千里之外的兵变再一次改变了他的命运。

849年，徐州的武宁军发生了兵变，朝廷急调卢弘止前去平乱。卢弘止急需用人，就向李商隐发出邀请，聘他为节度判官，带从六品下阶的侍御史衔，这是朝廷的正式官衔，也是从政从军的好机会，年近不惑的李商隐不愿错过。随后，妻子拖着病重的身体替他打包行李，李商隐却丝毫没有察觉。

850年，徐州的叛乱被镇压，卢弘止去了汴州，李商隐一同前往，本想着那里离长安更近，可以常回家看看，可是不到一个月，卢弘止不幸病亡，李商隐再次失去依靠，回到长安。一进家门，迎接他的不是妻子，只见弟弟低着头说，嫂子已经死了。李商隐冲进屋子找了很久，只找到妻子最爱的锦瑟。夜幕降临，房间空荡荡的，安静得可怕。李商隐觉得自己也死去了，他想大声呼喊，却发不出声音。一连几夜，他没有找到妻子。走出房门，李商隐在镜子中找到了原因，"愁到天池翻"，如果妻子看到他现在这个样子，一定"相看不相识"吧？

之后，李商隐护送妻子的灵柩来到郑州，经过洛阳，暂住在崇让宅，这是他和妻子曾经生活过的地方，现在已经物是人非。那一夜，四周静寂无声，荷塘里的败叶枯枝在秋风中摇曳，听来让人无限悲伤，李商隐彻夜难眠。

夜冷

树绕池宽月影多,村砧坞笛隔风萝。

西亭翠被余香薄,一夜将愁向败荷。

面对着枯荷残叶,李商隐不再有叶绿花红的憧憬,这世上,所有的艳丽都是短暂的,只有留下的悲哀才是长久的。

李商隐
不知从哪里溢出来的忧伤，就叫作"无题"吧

（五）

到了851年，东川节度使柳仲郢辟李商隐为节度使府书记、检校工部郎中。这是李商隐第十次入仕了。他把孩子托付给弟弟之后，便独自上路前往梓州。只是这一次，无人送别，无人叮咛，无人为他准备冬衣。他走在空旷的城外，到处都是荒草，远处的村庄在阴暗的雨中显得模糊不清。李商隐总是想，人生为什么会有这么多无缘无故的离别呢？也许心中的万千愁思，蜀地的猿猴正在替他哀鸣。

虽然所有的追求都已幻灭，但李商隐并没有沉溺于悲伤，依然在寻找人生的希望。到了梓州后，每到半夜，待众人睡去，李商隐总是独上高楼，将心事对残月诉说。

无题

相见时难别亦难，东风无力百花残。
春蚕到死丝方尽，蜡炬成灰泪始干。
晓镜但愁云鬓改，夜吟应觉月光寒。
蓬山此去无多路，青鸟殷勤为探看。

李商隐的无题诗就像一个无形的容器，装得下他所有的期待，也盛满了幻灭的悲哀。

在梓州的五年时间里，李商隐的工作颇为顺心，他也学会了逢场作戏，与人没话找话，成为"合格"的官吏。但他作为父亲是不合格的，妻子已然不在，孩子和他当年一样寄人篱下。所以，每当他收到朋友的来信询问归期时，总是无言以对，于是就有了开篇的"巴山夜雨"。855年，柳仲郢被征调为吏部侍郎，李商隐随他回到长安。

途中，他们经过了圣女祠，就在二十年前，李商隐护送令狐楚的灵柩经过这里，可如今白石岩扉上长满了青苔，门前人迹稀少。李商隐走进祠堂，看到圣女的雕像已经斑驳脱落，写下了这首《重过圣女祠》：

重过圣女祠

白石岩扉碧藓滋，上清沦谪得归迟。
一春梦雨常飘瓦，尽日灵风不满旗。
萼绿华来无定所，杜兰香去未移时。
玉郎会此通仙籍，忆向天阶问紫芝。

万千感慨就如春雨般缠绵不休、春风般无力轻扬。

856年，柳仲郢举荐李商隐为江南盐铁推官，虽然官阶不高，但权力很大。江南盐铁一年的收入抵得上几百个州府的税赋，但

李商隐
不知从哪里溢出来的忧伤，就叫作"无题"吧

李商隐在这个职位上干了短短几个月，常常觉得两眼昏花、力不从心，他自知时日不多，就请假回京了，最后决定回到河南老家。

在离开长安前，李商隐决定到处走走，便信步向南。经过曲江看到荷花早已衰败零落，就想到"荷叶生时春恨生，荷叶枯时秋恨成"，不免伤感。再往前就是乐游原了，地势越来越高，李商隐虽然体力不支，但意犹未尽，就雇了一辆车，登上高处。

登乐游原

向晚意不适，驱车登古原。
夕阳无限好，只是近黄昏。

马车驶向高处，长安城越来越清晰。李商隐感叹他的青春、梦想、爱情都寄托在这座伟大的首都。这一切在夕阳的映照之下被涂抹上了一层金色，正展现出无限的美好，这是因为接近黄昏。近代有很多学者指出，"只是"一词在晚唐是"因为"的意思，这个词义使这首《登乐游原》具有了积极向上的力量。

锦瑟

锦瑟无端五十弦，一弦一柱思华年。
庄生晓梦迷蝴蝶，望帝春心托杜鹃。
沧海月明珠有泪，蓝田日暖玉生烟。
此情可待成追忆，只是当时已惘然。

不久，四十六岁的李商隐告别了长安的夕阳，两年后，他告

别了这个多苦多难的世界。家人在收拾他遗物的时候,发现了一张满是泪痕的纸,不知写于何时,也不知为何人而写。他眼睁睁地看着最美好的年华无端逝去,青春没了、梦想没了、爱情没了,现在连生命也即将结束,只剩下惘然的追忆。

李商隐想说孤独和遗憾就是人生的底色吗?

人为什么会留下惘然的追忆,因为在当时就是惘然的。因为在过去的某一个当下漫不经心、意志不坚定、没有好好珍惜,直到失去了、错过了,又在未来的某一个当下充满遗憾和悔恨,导致让无尽的迷思在生命中循环往复。

我想,站在人生的尽头,李商隐想明白了,却不敢说出沉痛的四个字,那就是"感知当下"!他终于能微笑着对往事说一句,我愿意!

元好问

答案

最后,我还是选择做诗人

【题记】

"问世间,情是何物,直教生死相许?"元好问真是人如其名,年仅十六岁就问出了一个好问题,而为了寻找答案,他穷尽了一生。

金国统治腐败,这个国家值得他生死相许吗?金国灭亡之后,他背叛了生死相许的信仰吗?国家没了,名誉没了,还有什么值得他生死相许?

答案一直在变,渐渐地,就变成了一个反问,"问世间,情是何物,直教生死相许"。人生的变化来得太快,快到来不及总结,只能在沉默中独自面对,这才发现原来当初坚定的回答,只不过是逻辑自洽的心理安慰。

于是,就这样一路失去、一路怀疑、一路寻找,直到人生的尽头,元好问终于找到了肯定的答案。

（一）

元好问出生在1190年，北宋已经灭亡六十几年。此时的中国大地上，南宋、金、西夏、蒙古等多个政权并立。

元好问的祖先是鲜卑拓跋氏，建立北魏后，举族改姓"元"，与汉族通婚，学习汉族语言，全部改穿汉装。不出几代，除了相貌，基本与汉人同化了。

到了唐朝，元氏成为寻常百姓家，但一直以诗书传家，出了几位大诗人，有元结、元稹等等。安史之乱爆发，他们便迁居湖北大冶。北宋末期，金兵南下，元好问的曾祖元春带着全族迁居西平定县，任当地的神虎军使，曾与金兵血战。由于朝廷没有增援，山西全境落入金人之手，元氏家族成为金国子民，迁居太原秀容。

金国在完颜雍时期全面汉化，开始沿袭北宋的典章制度，大修孔庙，完善科举，减轻了对汉族的压迫，汉人也开始出现在金国的各个阶层。从元好问的祖父元滋善开始，就以金朝子民的身份参加科举、入朝为官。

元好问的父亲元德明是当时的名士，饱读诗书，却多次科举落第，之后就把全部精力放在了几个儿子身上。他对儿子的人生指引是从名字开始的。元好问，字裕之，出自《尚书》"好问则裕，自用则小"。

由于元好问的叔叔们都没有儿子，根据当时的传统，在七个月大的时候，元好问就过继给了叔父元格。1203年，元格担任陵川县令，带十四岁的元好问拜访名师郝天挺。这是重视真才实学的教育家，他主张"读书不为艺文，选官不为利养，唯知义者能之"。

当时，为了考试，老师大多以划重点的方式拆解经典。郝天挺认为这样根本掌握不了其中要义，即使考取了，也难免平庸。他鼓励学生走到民间、走进自然，不要拘泥于书本。很多人讽刺这种做法，但郝天挺反驳道："吾正不欲渠为举子尔。区区一第，不足道也。"

十六岁那年，在赴京赶考的路上，元好问就提出了一个震撼千古的好问题。那时，他听闻大雁为死去的同伴堕地自杀后，亲手把它们埋葬，并累石为丘，写下了这首《摸鱼儿·雁丘词》。直到晚年，元好问每次读到这首词，依然思绪缠绵，于是融入自己一生的思考与感慨，遂成我们今日所读之稿。

摸鱼儿·雁丘词

问世间，情是何物，直教生死相许？
天南地北双飞客，老翅几回寒暑。
欢乐趣，离别苦，就中更有痴儿女。

元好问
最后，我还是选择做诗人

> 君应有语：渺万里层云，千山暮雪，只影向谁去？
> 横汾路，寂寞当年箫鼓，荒烟依旧平楚。
> 招魂楚些何嗟及，山鬼自啼风雨。
> 天也妒，未信与，莺儿燕子俱黄土。
> 千秋万古，为留待骚人，狂歌痛饮，来访雁丘处。

这对大雁天南地北相依为命，曾经的相聚有多快乐，如今的死别就会有多悲伤。一只大雁已死，另一只还能回到哪里去？哪里才是它的家？在回忆中老去和与挚爱同时死去，如何选择才是真正的挚诚？到底是什么样的情让大雁用自杀做出了自己的选择？这等情痴人间可曾有过？元好问认为大雁的殉情将超越历史而不朽。

之后，元好问连续三次参加科举，全都落第，这倒不是因为金国人才济济、竞争激烈，而是因为这个国家早已腐化了。

（二）

在嘉定和议后，金国出现了几十年的繁荣稳定。骁勇的战士下了马之后，全都成为大地主。但他们从来不经营土地，"种而不耘，听其荒芜"。为了纵情享乐，"以田租人，而预借三二年的租课"。实在没钱了，就靠出卖奴婢和土地维持贵族生活。土地不够了呢？就从汉人那里"刮地"。

表面上能看到的腐化，是因为已经烂到骨子里了。有一次，皇帝感慨于时政，在朝堂之上大发雷霆，斥责丞相，"近日纪纲何在"。可这个丞相根本就不识字，不知道"纪纲"就是法制的意思，还以为是某个皇帝感兴趣的人，回去以后还训斥属下，"皇上问'纪纲'何在，你们马上把这个人带来"。

历史证明了落后就要挨打，而腐化更加可怕，会被落后的人打。当金人举国上下啃食胜利的果实，蒙古的苍狼也种下了欲望的种子。铁木真统一了蒙古高原，尊号成吉思汗，建立大蒙古国，对外扩张战争开始了。

1211年，元好问二十二岁，成吉思汗挥兵南攻金国，一路南下，打到了山西。元好问的家乡秀容被蒙古铁骑践踏，十几万人命丧城中，元好问的家就这样没有了。无奈之下，元好问举家出逃，躲避战乱，途经石岭关，又逃到女几山。旅食的生活看不到尽头，只有日复一日的行吟。晚秋日暮，正是客子思乡之时，满心的凄凉无法消解，战争的形势不可捉摸。"干戈正飘忽，不用苦思家"，元好问不敢想家，事实上也无家可想，便写下《并州少年行》。

并州少年行

北风动地起，天际浮云多。
登高一长啸，六龙忽蹉跎。
我欲横江斗蛟鼍，万弩迸射阳侯波。
或当大猎燕赵间，黄熊朱豹皆遮罗。
男儿万马随挠诃，朝发细柳暮朝那。
扫云黑山布阳和，归来明堂见天子，黄金横带冠峨峨。
人生只作张骞傅介子，远胜僵死空山阿。
君不见并州少年夜枕戈，破屋耿耿天垂河，欲眠不眠泪滂沱。
著鞭忽记刘越石，拔剑起舞鸡鸣歌。东方未明兮奈夜何！

元好问忍受着无尽的黑暗，他希望看到东方的曙光。可是，这束光还能照亮这个国家吗？还能照亮他的人生吗？

（三）

1217年，年近而立的元好问第五次参加科举，依然落第。一年后，抱着试一试的态度，元好问携诗文拜谒了礼部尚书、文坛盟主赵秉文，一举获得青睐，并拜入其门下。当时名士杨云翼更以"国士"相待，将元好问引入了名流诗会，元好问被时人称为"元才子"。

直到很多年后，元好问才知道，赵秉文和杨云翼等名士曾经十七次联名上奏朝廷，请求重用元好问。当元好问发现这些奏折时，感慨万千，如此知遇之恩，他只能用一生的正行来报答。他决定"为奇士，为名臣，慨然自拔于流俗，以千载自任"。

1221年，三十二岁的元好问第六次赴京赶考，终于进士及第。他却做出一个惊人的决定，不接受任何官职，这是什么原因呢？因为老师赵秉文遭人诽谤在考试过程中有意偏袒元好问，被归为"元氏党人"。在老师的名誉面前，元好问愤然放弃官职。

三年后，元好问第七次参加考试，再次得中，不仅为老师洗刷了污名，也再一次证明了自己的实力。可这时他反问自己："名场奔走竞官荣，一纸除书误半生。笑向槐花问前事，为君忙了竟何成。"

如此忙碌的追求到底是为了什么？走入朝堂，就真的不会迷茫了吗？

1224年，元好问三十五岁，得到了人生第一份工作，权国史院编修官。上任不久，金宣宗病故，国史馆要撰写《宣宗实录》，这就涉及当年的一段黑历史。

蒙古攻打中都时，卫绍王被右副元帅胡沙虎杀害，随后胡沙虎拥立金宣宗即位，这段历史随即成为朝堂禁忌。元好问找到了当时的参知政事贾益谦，得到的答案是"卫王勤俭，重惜名器。较其行事，中材不能及者多矣"。他还说，只要能还历史一个真相，丧失余年，有何遗憾。贾益谦拨开了历史的迷雾，元好问如实上报。

对于这个尴尬的调研结果，领导只能对元好问说，当初已经说得很清楚，现在写得不清不楚，你这样写历史怎么会有前途？最后，元好问憋不住了，与其胡说八道传谣，不如回家种红薯，于是请假告归。对于这次离职，元好问相当平静，在颍亭与友人告别之际，写下了一首传诵千古的《颍亭留别》。

颍亭留别

故人重分携，临流驻归驾。

乾坤展清眺，万景若相借。

北风三日雪，太素秉元化。

九山郁峥嵘，了不受陵跨。

> 寒波淡淡起，白鸟悠悠下。
> 怀归人自急，物态本闲暇。
> 壶觞负吟啸，尘土足悲咤。
> 回首亭中人，平林淡如画。

元好问渐渐从离别的悲伤中解脱出来，心境也明朗起来。

这几年他远离家乡，在尘世间的劳碌奔波，闲置了壶觞，荒废了吟啸，"田园将芜，胡不归？"

随后的几年间，元好问一直住在嵩山，大部分时间在种田、读书、写诗，过着闲散的生活。但是在1227年，元好问三十八岁的时候，他选择再一次出仕，担任内乡县令，一个七品小官。刚开始隐居的时候，他说"绿水红莲惭大府，清泉白石识初心"。如今离开时，他又说"休道西山不留客，数峰如画暮云间"。对山林间如此留恋，元好问为什么还要走进尘网呢？

因为在乱世中，如果只是朝不保夕的普通百姓，半夜睡觉，会有人上门催租；走在路上，会被强拉壮丁；出门在外，沿途会有人敲诈。如果有官印护身，一家人的生活都会得到很大的改观。但这是极为痛苦的一件事，因为他的工作就是，半夜催租、沿途敲诈、强行征兵。

当时的社会已是"饥鼠绕床如欲语，惊乌啼月不堪闻"，作为县令，元好问还要奉命从百姓身上再榨几滴油水。元好问不忍心，写下这篇《宛丘叹》：

元好问
最后，我还是选择做诗人

宛丘叹

秦阳陂头人迹绝，荻花茫茫白于雪。

当年万家河朔来，尽出牛头入租帖。

苍髯长官错料事，下考大笑阳城拙。

至今三老背胂青，死为道殣出膏血。

君不见刘君宰叶海内称，饥摩寒抚哀孤茕。

碑前千人万人泣，父老梦见如平生。

冰霜纨袴渠有策，如我碌碌当何成！

荒田满眼人得耕，诏书已复三年征。

早晚林间见鸡犬，一犁春雨麦青青。

元好问委婉地告诫金国的大老爷们，如果人民都快活不下去了，这个国家自然也无法存在了。由于无法完成"压榨"的任务，元好问一直被来回调任，和这个国家的命运一起来回打转。

成吉思汗去世后，按照当时的传统，继任的窝阔台要把战争扩大，为国家赢取更大的荣耀。很快，蒙古军攻破了凤翔，元好问听到这个消息后，悲愤、震愕、恐惧、惆怅、惋惜，内心五味杂陈。

岐阳三首·其二

百二关河草不横，十年戎马暗秦京。

岐阳西望无来信，陇水东流闻哭声。

孤身亦可登昆仑

> 野蔓有情萦战骨,残阳何意照空城。
> 从谁细向苍苍问,争遣蚩尤作五兵。

凤翔,南有秦岭,东有黄河,西有陇山,渭水流经其中。东汉学者苏林曾说,在这里二万人可挡诸侯百万兵。如今却被战火遮蔽,变得黯淡无光。凤翔失守,元好问不是不愿相信,而是没有勇气相信。他等着战报传来,可是在战乱年代,没有消息才是最坏的消息。元好问只得感叹"穷途老阮无奇策,空望岐阳泪满衣",真是书生无用,唯有哀伤恸哭。

元好问
最后，我还是选择做诗人

（四）

此时，元好问奉诏入京，由地方调入朝廷核心部门，出任尚书省内吏。于是，元好问举家迁往汴梁。走入城门的那一刻，他走进了人生的至暗时刻，也走到了生死相许的抉择时刻。

旅途中，元好问的妻子不幸病亡。刚到汴梁不久，小女儿也意外去世。死丧过后，国家的厄运相继而来。1232年，蒙古三万骑兵进入大散关，剑指汴梁，准备结束最后的战斗。金国征调五十万人保卫京城，由于仓促迎战，行至三峰山时，粮食已经吃完。危难之际，蒙古军故意让出一条路，等金军蜂拥而至、队形完全散乱之时，乘势纵兵截击，金军溃败，主力部队折损殆尽。

蒙古军继续向汴京进攻。生死存亡的时刻，城内军民齐心协力，苦守城池，死伤人数达百万之多，迫使蒙古人停止进攻。但汴京城内发生瘟疫，五十天内九十多万人死亡，紧接着粮食断绝，一切皮革早已被煮食，战也不能，守也难以为继了。真是"郁郁围城度两年，愁肠饥火日相煎"。随后，汴京西面元帅崔立发动兵变，杀光了朝廷重臣，自封太师、尚书令、左丞相、郑王等一长串头衔，在1233年四月二十九日，率领百官至青城向蒙古投降。这一天，元好问和一群大臣走出城门，彻底告别了金朝。

203

癸巳四月二十九日出京

塞外初捐宴赐金,当时南牧已骎骎。

只知灞上真儿戏,谁谓神州竟陆沉。

华表鹤来应有语,铜盘人去亦何心。

兴亡谁识天公意?留著青城阅古今。

从汉人、女真人到蒙古人,汴京城在一百年内三次易主。历史竟如此巧合,北宋曾在青城向金国投降,如今,金国重复了这段历史。一切从青城开始,从青城结束。

元好问一路向北,看到文明被野蛮亵渎。木佛的神圣、编钟的庄严,信仰和礼乐被野蛮的力量洗劫一空。他看到成群的人被蒙古兵驱赶。

续小娘歌·其八

太平婚嫁不离乡,楚楚儿郎小小娘。

三百年来涵养出,却将沙漠换牛羊。

此时的蒙古已经打到中亚,那里的人口贩子随着军队进入了汴京。将要被兑换成牛羊的小小娘是经三百年文化涵养而成,她们中绝大部分是汉人。北宋灭亡后,她们的祖辈成为亡国之人,饱受欺凌,如今改朝换代,亡国之痛有增无减。"红粉哭随回鹘马,为谁一步一回头",强悍高大的马上坐着孱弱的小小娘,她们回头仿佛又听到熟悉的歌声。

续小娘歌·其一
吴儿沿路唱歌行,十十五五和歌声
唱得小娘想见曲,不解离乡去国情

国家灭亡,死是一件很容易的事情,要活下来却无比艰难,想要有气节地活下去,简直比登天还要难。崔立在投降蒙古后,私欲不断膨胀,胁迫众人为他竖功德碑,颂扬他救一城生灵之功。他们就找翰林学士王若虚来写。

但王若虚道,既然崔立已经自封丞相,那么我就是他的下属,为他歌功颂德,谁会信服呢?随后,崔立找到太学生刘祁、麻革等人,以"问候九族"相威胁,让他们来撰写功德碑。刘祁等人在撰写碑文时留了一手,故意错漏百出,希望请高手来指导一下。"锅"又回到了王若虚这里,他当场拍板决定,让大才子元好问在刘祁草稿的基础上撰写碑文,但也不能太欺负后生,署名还是刘祁。最终,这篇功德碑文主体部分由元好问执笔完成,铭辞由三人共同改定。事后,刘祁写下《录崔立碑事》,详细记载事件始末,赢得了同情与理解。元好问也写下《外家别业上梁文》,为此事做了很多辩解,他的学生郝经也为老师叫屈。但无论如何开脱,在外人看来只不过是狡辩。后来元好问自嘲道,"山林且慢蹉跎去,莫问人间第几流"。节操碎了一地,元好问刚准备弯腰去捡,又被一阵风吹散了。

　　此时，蒙古人还未进城，元好问就给耶律楚材上书，且态度卑下。不但歌颂蒙古人有萧曹丙魏、房杜姚宋之功，更拉上五十四位名士，希望新政府乐得贤才而教育之。还建议办学馆，讲习孔孟之道，逐渐改变蒙古人的观念。

　　在后代文人眼里，故国未亡就有境外之交，元好问于大节有亏，简直是把满手血腥的敌人当成自己的再生父母。

　　面对国破家亡，有人可以用生命换尊严，有人用尊严拯救生命和文化。殉国，会成为历史的一座山；苟活，只不过是时代的一根鸿毛。到底哪个才更重要呢？

元好问
最后，我还是选择做诗人

（五）

经历了国家灭亡、生死劫难、名誉扫地，元好问只剩下一条命和一堆书了。1235年，他四十六岁，作为前朝遗臣，他带着一家十几口被编管，和祖辈一样开始了遗民生活。但是，元好问觉得不能一个人活下去，而要让更多死去的人一起"活"下去。"万古骚人呕肺肝，乾坤清气得来难"，有许多诗人为国家付出心血，他们的诗写尽乾坤清气，是这个民族的思想财富，元好问作为诗人，和他们惺惺相惜。

自题中州集后五首·其五
平世何曾有稗官，乱来史笔亦烧残。
百年遗稿天留在，抱向空山掩泪看。

在战火中，这些亡故的诗人能保存下来的诗作已经不多了，如果不将残存的诗整理汇总，它们将会被渐渐湮灭。这些美好的东西被摧毁了，那才是真正的历史悲剧。

幸好元好问得到了这些诗人的遗稿，将它们编撰成《中州集》，收录诗歌两千多首，撰写诗人小传两百多篇。后来的《金史·文艺传》《全金诗》就是在这本书的基础上增补而成的。诚如史家所言，"兵后，故老皆尽，好问蔚为一代宗工"。从这时起，元好问搜集与整理各类文献，逐渐由单纯的诗人转变为综合的文化人。

1239年，元好问五十岁，带着家人回到了阔别二十年的秀容老家。

初挈家还读书山杂诗二首·其二

眼中华屋记生存，旧事无人可共论。

老树婆娑三百尺，青衫还见读书孙。

那些窗前来来往往的邻居再也见不到了。

过了几天，元好问终于有机会出去走走了，可是放眼望去，家乡尽是废墟与坟墓。"乡间丧乱久，触目异平素。枌榆虽尚存，岁晏多霜露"，明年春风吹过，它们还会新芽满枝吗？元好问带着满心疑问走进了幽深的树林。

回到家乡后，元好问便不再出仕，盖了一座"野史亭"，致力于保护金国史料和传承文化，负起一个著述者的责任。最终，他收集、整理、编辑成了《壬辰杂编》和《续夷坚志》，留下了金朝君臣和民间的故事达上百万字。据不完整统计，元好问为了修金史，获取更多的资料，晚年交往的人数高达五百多人，有学者、才女、僧、道、隐士等等。他在北京、山西、河南等地来回奔走，一旦得到珍贵的文献便亲手记下，就算喝醉了也不会忘记。

（六）

1243年，元好问五十四岁，他接到耶律楚材父子的邀请，为其先人撰写碑铭，以他们过去的交情，元好问难以拒绝。在燕京，他应命为耶律家族写下神道碑、祭文、墓志铭四篇，还为府中多幅名画题诗。

后来，元好问声名大振，史书上说，"四方碑板铭志，尽趋其门"。在遗民眼里，旧朝臣子应该闭门谢客，不问新朝之事，不为新朝服务。可元好问为新主子忙坏了，大家对他"百谤百骂，嬉笑姗侮，上累祖祢，下辱子孙"。元好问却说，"华表归来老令威，头皮留在姓名非"，他不惜遭人诟病，也要做这些饱受非议的事。因为他找到了生死相许的信仰，他要保存文化、延续文明，"秋风不用吹华发，沧海横流要此身"。

到了1252年，元好问又做了一件"出卖灵魂"的事。耶律楚材死后，文人的待遇急转直下，八娼九儒十丐，他们的社会地位很低，需要承担深重的赋税和劳役。其中最重要的原因是，蒙古人认为金以儒亡。

女真人原来是"人满一万，天下无敌"，而在信奉儒家学说之后，战斗力断崖式下降。当时的大儒张德辉推荐了元好问、李治等二十余位"中国人才"一起觐见忽必烈，回答了"金以儒亡"这个问题。张德辉说，金亡国之事他曾亲眼看见，朝中重要官位皆由女真人世袭，所谓儒臣只有一两个，只占了三十分之一。金国灭亡，自然有人要背锅，但不是那几个儒臣背得了的。

随后，元好问和张德辉跪请忽必烈为儒教大宗师，忽必烈欣然接受这一荣誉称号。其实这么做，是为了达到此行另外一个目的，就是说服蒙古政要"蠲免儒户兵赋"。至此，元好问的"节操"也碎尽了。

在人生最后几年，元好问颠沛流离方始安定，眼见家乡宁静太平、年成丰收，他如释重负，作了这首散曲。

人月圆·卜居外家东园

重冈已隔红尘断，村落更年丰。
移居要就，窗中远岫，舍后长松。
十年种木，一年种谷，都付儿童。
老夫惟有，醒来明月，醉后清风。

这时，元好问除了继续奔波各地收集文献，空闲的时候就开始收弟子教书。他以唐诗为讲本教授弟子，为元朝文坛培养出一批新生力量，元代著名学者郝经、元曲四大家之一白朴、教育家王思廉等都是他的学生。关于人生，他还写给后辈一首意味深长的小诗。

同儿辈赋未开海棠·其二
枝间新绿一重重，小蕾深藏数点红。
爱惜芳心莫轻吐，且教桃李闹春风。

元好问在宁静之中隐没着悲痛的呼号。正因为他一生失去了太多，所以才能接纳这样的自己。

在人生最后的时刻，元好问放不下的还是文化，于是他写下了这首绝笔诗。

病中感寓赠徐威卿兼简曹益甫高圣举
读书略破五千卷，下笔须论二百年。
正赖天民有先觉，岂容文统落私权。
东曹掾属冥行废，乡校迂儒自圣癫。
不是徐卿与高举，老夫空老欲谁传。

最后，元好问终于从错位的人生中找到了明确的定位。在死前，他嘱咐后人，不以金朝故臣自命，更不称是元朝子民，"不愿有碑志也，墓头树三尺石。书曰：'诗人元遗山之墓'足矣"。不久，元好问死在了河南的寓所，年六十八岁。

从多次落榜到国家蒙难、从名誉不保到保存文化，"国家不幸诗家幸，赋到沧桑句便工"是后人对元好问的评价。他这一生成就很多，遗憾也很多，失去得更多。虽然时光不可挽回，但总会留下余韵,变成了一首又一首诗,也使他渐渐明白:诗人,才是他人生的本色。

"问世间,情是何物?直教生死相许?"站在人生的终点回望,元好问找到了答案。